能源与电力分析年度报告系列

2021
国内外能源电力企业数字化转型分析报告

国网能源研究院有限公司　编著

中国电力出版社
CHINA ELECTRIC POWER PRESS

内 容 提 要

《国内外能源电力企业数字化转型分析报告》是能源与电力分析年度报告系列之一。本报告主要对 2021 年度能源电力企业数字化转型最新发展与实践进行跟踪分析，在深入分析“碳达峰、碳中和”目标、新型电力系统建设、能源转型对数字化转型需求的基础上，提出能源电力企业数字化转型分析框架，并对年度发展情况进行总结分析和重点分析，依托此框架对国内外典型能源电力企业和科技企业数字化转型实践进行剖析，对数字化转型成熟度评估模型迭代完善并开展行业评价，对先进数字技术在能源电力领域的应用趋势和市场前景进行研判，以期为能源电力企业科学开展数字化转型实践提供决策参考和依据。

本报告适合能源电力企业决策人员、数字技术从业人员、国家相关政策制定者及科研工作者参考使用。

图书在版编目（CIP）数据

国内外能源电力企业数字化转型分析报告．2021/国网能源研究院有限公司编著．—北京：中国电力出版社，2021.12

（能源与电力分析年度报告系列）

ISBN 978-7-5198-6228-2

Ⅰ.①国…　Ⅱ.①国…　Ⅲ.①能源工业—数字化—研究报告—世界—2021　②电力工业—数字化—研究报告—世界—2021　Ⅳ.①F416.2　②F416.61

中国版本图书馆 CIP 数据核字（2021）第 240069 号

出版发行：中国电力出版社
地　　址：北京市东城区北京站西街 19 号（邮政编码 100005）
网　　址：http://www.cepp.sgcc.com.cn
责任编辑：刘汝青（010-63412382）　郭丽然
责任校对：黄　蓓　王海南
装帧设计：赵姗姗
责任印制：吴　迪

印　　刷：北京瑞禾彩色印刷有限公司
版　　次：2021 年 12 月第一版
印　　次：2021 年 12 月北京第一次印刷
开　　本：787 毫米×1092 毫米　16 开本
印　　张：9
字　　数：121 千字
印　　数：0001—2000 册
定　　价：88.00 元

《国内外能源电力企业数字化转型分析报告》

编 写 组

组　长　郑厚清

主笔人　崔维平　尹莞婷

成　员　高晓楠　刘键烨　王　程　孙艺新　柳占杰
　　　　王智敏　刘素蔚　于　灏　李心达　陈　光
　　　　高洪达　刘　睿　贾德香　王　玓　陈睿欣
　　　　陈莉佳　邓云博　华　东

前　言
PREFACE

习近平总书记强调，世界经济数字化转型是大势所趋，要引导数字经济和实体经济深度融合，推动经济高质量发展。能源电力行业作为国家基础性产业，数字化转型进程不仅关乎能源电力企业高质量发展的成效，还将影响我国“碳达峰、碳中和”（简称“双碳”）目标、新型电力系统建设等重大战略部署的顺利实施。能源电力企业高度重视数字化发展，积极寻求数字化助力企业创新发展的有效路径，不断提高数字化在企业生产运营中的高创新性、强渗透性、广覆盖性，涌现出一大批新产业、新业态、新模式。鉴于此，本报告系统梳理能源电力企业数字化转型实践成果，加强理论研究与实践经验总结，有利于政府部门、大型央企、能源电力行业、社会各界制定相关政策和决策时参考。

《国内外能源电力企业数字化转型分析报告》是国网能源研究院有限公司（简称国网能源研究院）推出的“能源与电力分析年度报告系列”之一，按年度对能源电力企业数字化转型形势变化、典型实践、成熟度评估等进行迭代更新，并针对年度热点问题进行专题分析。本年度报告在研判国内外能源电力企业数字化转型形势和要求的基础上，重点分析数字化助力新型电力系统建设的内在逻辑，并从国内外典型能源电力企业和科技企业数字化转型实践案例入手，分析我国能源电力企业数字化转型重点及举措；从能源行业视角入手，开展数字化转型成熟度评估，全局视角分析能源电力企业数字化转型发展程度，为企业找定位、补短板提供支撑；从技术视角，聚焦5G、北斗、数字孪生，研判高新技术发展趋势，量化预测市场前景规模，为能源电力企业开展数字技术布局提供参考。

本报告主要内容分3篇7章。其中，概述由孙艺新、崔维平主笔；综合篇主要描述能源电力企业数字化转型所面临的形势与要求、能源电力企业数字化转型分析框架，重点提出数字化转型对新型电力系统建设的相关思考，由崔维平、王智敏、刘键烨、尹莞婷主笔；案例篇主要总结分析国内外典型能源电力企业及科技企业数字化转型实践经验及相关启示，由尹莞婷、柳占杰主笔；专题篇主要开展能源电力数字化转型成熟度评估，并对典型的先进数字技术应用趋势进行研判，对其市场规模进行量化分析，由刘素蔚、高晓楠主笔。全书由郑厚清统稿，李心达、陈光、王程校核。

在本报告的编写过程中，得到了国资委科创局的支持，为编写组对部分央企数字化转型的书面调研与问卷调查工作提供了便利，还得到了国家电网公司互联网部、华为公司、中兴公司及一些业内知名专家的大力支持，在此表示衷心感谢！

限于作者水平，虽然对书稿进行了反复研究推敲，但难免仍会存在疏漏与不足之处，恳请读者谅解并批评指正！

编著者

2021年11月

目 录

CONTENTS

案　例　篇

专　题　篇

概　　述

2021 年，全球经济分化复苏，我国已向世界宣示“碳达峰、碳中和”发展目标，并明确要构建以新能源为主体的新型电力系统，这对我国能源产业发展提出更高要求。能源清洁低碳转型要求电力供需结构深度调整，全球煤炭供应趋紧及大宗商品价格上涨，电力系统在持续可靠供电、安全稳定等方面面临严峻挑战。传统模式越来越难以兼顾安全、经济和绿色发展要求，亟待运用数字技术，加快推动电力行业、电力企业转型升级，助力我国经济高质量发展。

报告的主要结论和观点如下：

第一，能源电力企业数字化转型迈进新阶段，呈现出市场化、赋能型等四个方面新特征。数字经济快速发展，能源电力市场化改革加快推进，市场竞争因素成为能源电力企业数字化转型的第一驱动，转型动因由政策驱动向市场驱动转变；我国国有大型能源电力企业数字化程度进一步提高，平台化、服务化优势凸显，转型目标由助力生产经营向赋能产业链供应链方向转变；在各级政府、企业“十四五”规划引领下，数字化转型成为企业全体干部职工的行动共识，转型重点由战略制定向落地转变；数字技术日益融入经济社会发展与能源系统各领域全过程，我国能源电力企业得以充分发挥海量数据和丰富应用场景优势，转型方式由注重技术创新向数据融合应用转变。

第二，能源电力企业数字化转型要坚持系统观念，多维度、全要素发力，促进企业运营效益效率提升，激发各类市场主体创新活力。能源电力企业普遍具有资产规模与组织规模大、安全与效率重视程度高、业务环节复杂等特点，需要从战略、业务、管理、技术和运营多个方面共同发力，推动各类资源要素快捷流动；统筹平衡好“企业级”转型与各单位、各部门“专业级”发展的关系，帮助能源电力企业优化组织模式与管理机制；积极打造“可观测、可描述、可控制”的透明化企业运营模式，在更大范围内破解资源跨时空调节、信息不对称与信用不易传递等难题，助力电力市场与碳市场深度耦合和协同发展。

第三，能源数字经济为统筹发展与安全两件大事提供重要推动力，以“电

力+算力”助力新型电力系统建设。数字经济正在成为重组全球要素资源、重塑全球经济结构、改变全球竞争格局的重要力量。能源数字经济的价值不仅体现在新能源云、能源工业云网、智慧能源服务平台等具有平台经济功能的新兴产业，对传统电力系统进行数字化优化升级同样具有巨大的潜力空间。以数据流引领和优化能量流、业务流，将电网运行、客户服务、设备监测等所产生的数据转化为强大的“电力+算力”，为用户与基层一线提供高品质数字服务，有利于为新型电力系统赋能、赋值、赋智、赋权。

第四，能源电力企业数字化转型聚焦在绿色低碳方向，立足国情、企情特点为“碳达峰、碳中和”目标落地作出积极贡献。电网数字化转型成为国内两大电网企业的战略共识，数据中台建设、能源大数据中心价值挖掘等典型举措已初步实现了对内提质增效、对外服务环境监测和碳监测等功能；发电、油气和管网企业持续提升数字化平台服务能力，实现更加清洁高效的能源开发管理过程。从成熟度分析评估来看，战略引领与科技投入是大型能源电力企业的转型优势，在生态布局、机制优化和文化建设方面则仍存在不同程度的短板与不足。

第五，5G、北斗、数字孪生等技术市场前景广阔，将成为能源互联网发展的重要支撑技术。数字技术与能源产业深度融合，物联网、人工智能、区块链等技术已在能源电力企业中深入应用，成效不断显现。2021 年度，5G、北斗、数字孪生技术进入技术应用的突破期，广泛部署在电力系统设备巡检、新能源发电监测、系统辅助分析等重要环节，深刻改变能源电力生产和利用方式。预计未来电网 5G、北斗、数字孪生技术投资总规模达 1500 亿～4000 亿元，技术应用带来总的直接效益超过 1000 亿元。随着智能化综合性数字信息基础设施建设不断深入，未来数字孪生技术的应用空间还将更加广阔，融入先进计算与传感技术的数字孪生系统将显著加快我国能源互联网发展进程。

综合篇

1

能源电力企业数字化转型的形势与要求分析

新一轮信息技术蓬勃发展，世界各国纷纷将数字化作为推动本国经济发展、重塑竞争力的重要举措。在我国，无论是贯彻新发展理念、构建新发展格局，还是推动高质量发展，都期待通过数据融合、服务创新、技术支撑等数字化转型，快速释放数据要素市场价值，优化提升传统业务，加快培育发展战略性新兴产业，赋能产业链上下游企业，提升企业发展的创新力和竞争力，服务经济社会发展。随着数据要素、数字技术和互联网模式的引入，能源电力企业发展面临全新格局。

1.1 数字经济正在成为有效推动经济发展的新动能

全球数字化和智能化趋势正加速推进。新冠肺炎疫情的蔓延推动了全球诸多行业变化，以信息技术和数字技术为代表的新一轮技术革命引发的产业革命，呈现出生产方式智能化、产业组织平台化、技术创新开放化的特征，对全球产业发展带来全面而深刻的影响。全球多家企业通过数字化战略转型和业务布局，推进工作流程数字化，构建“韧性”企业，适应高度不确定的市场波动，开创全新的经营模式。

我国数字经济发展进入政策红利期。党的十九届五中全会提出，推动数字经济和实体经济深度融合，系统布局新型基础设施。国家“十四五”规划纲要提出，加快数字化发展，建设数字中国。国资委明确要求，大力推进央企数字化转型，组织实施专项行动计划。数字技术与产业深度融合，将重塑生产组织方式和运营模式，新产业、新业态、新模式不断涌现。

数字经济规模持续快速增长。中国信息通信研究院发布《中国数字经济发展白皮书》显示，2020 年我国数字经济规模达到 39.2 万亿元（见图 1-1），较 2019 年增加 3.4 万亿元，占 GDP 比重为 38.6%，占比同比提升 2.4 个百分点，有效支撑疫情防控和经济社会发展。在全球经济仍处于脆弱复苏的背景下，数字经济已经成为实现经济复苏、推动可持续发展的关键之举，成为推动经济高质量发展的新动能和新引擎。

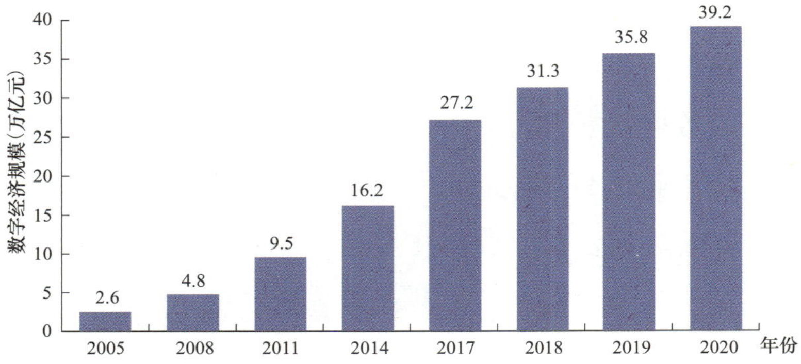

图 1-1　2005—2020 数字经济规模

1.2　能源电力企业步入服务能源革命和数字革命发展的新阶段

“双碳”目标下，能源电力企业需要探索更加高效的绿色低碳转型的新路径。“碳达峰、碳中和”目标，是我国基于推动构建人类命运共同体的责任担当和实现可持续发展的内在要求而作出的重大战略决策，但作为全球最大的发展中国家，我国要实现“双碳”目标，面临巨大挑战，包括能源结构不合理、高碳化石能源占比过高、能源利用效率偏低、建筑和交通能耗偏高、节能减排系统性难度高等制约因素，按照传统方法按部就班地推进碳减排是远远不够的，能源电力企业需要采取更有效的措施实现加速发展。而随着技术革新发展，数字技术在政治、经济、文化领域的影响不容小觑，对实现“双碳”目标而言，或许会是一个强有力的加速器。

能源互联网加速发展，需要能源电力企业探索能源与数字技术深度融合。数字技术是能源互联网的重要组成部分，国内外陆续发布相关政策鼓励探索数字技术在能源转型中的实践。2016 年，欧盟发布《数字能源系统 4.0》，同年，国家发展改革委、国家能源局、工业和信息化部发布了《关于推进“互联网+”

智慧能源发展意见》，提出加强能源互联网基础设施建设，建设能源智能化生产消费设施、多能协同综合能源网络、与能源系统协同的信息通信基础设施，为能源互联网产业赋能。

开放共享的能源互联网生态环境建设，需要能源电力企业进一步加强业务的平台化运营。多方参与、平等开放、充分竞争的能源互联网产业生态构建需要以数字技术平台为底座，将供需对接、产业协同、商业模式共建等业务模式与平台运营有效衔接，形成实时精准交易的市场运营模式，培育综合能源运营商和第三方增值服务供应商等新型市场主体。

1.3 国有企业数字化转型的步伐正在持续加快

国家积极引导国有企业推动数字化转型。2020 年 9 月，国务院国资委下发《关于加快推进国有企业数字化转型工作的通知》，提出践行新发展理念，推动新一代信息技术与国有企业的融合创新，加速传统产业全方位、全角度、全链条的数字化转型，助力企业质量变革、效率变革、动力变革，并且明确指出打造能源企业数字化转型示范，助力提升传统产业和新兴产业国际竞争力。此后，各级政府密集出台扶持政策，引导和推进国有企业加快数字化转型。

国有企业基于市场需要和自身发展有序推动数字化转型。国有企业积极布局数字化转型，加速提升企业创新能力，把数字化与建造方式、经营理念、市场形态和行业管理深度融合，制定数字化发展规划，积极拥抱新经济，实现新发展，重塑企业发展核心竞争力，把数字化转型作为打造一流企业的重要利器。

1.4 数据作为全新生产要素已成为共识

数据要素市场化催生能源数字经济新业态。自《关于构建更加完善的要素市场化配置体制机制的意见》颁布之后，有价值的数据资源成为催生和推动能源数字经济新产业、新业态、新模式发展的基础，在数据脱敏、挖掘、分析的基础之上对数据资源实现高效利用，将极大地推动能源技术创新、加速能源产业升级。但当前我国数据要素市场化发展仍面临不少问题和挑战，数据权属、数据定价、数据隐私保护等众多问题仍未得到解决，限制能源数据在多主体、跨领域之间的自由流动，仍需要在数字化转型中破解相关难题。

数据要素在数字化转型中期望释放倍增效应效益。数据具有乘数作用，将放大劳动力、资本等要素在能源行业数字化转型中的价值，促进能源供给与需求的精准对接，创新能源产业价值链流转方式。当前，各地方政府正在培育数据要素市场，加快建设新型大数据交易中心，部分地方政府、行业龙头企业和信息技术企业分别从机制维度、行业维度、技术维度探索数据交易，为推动数据的自主有序流动作出贡献。在能源领域，善用数据要素，促进数据要素市场化，将有助于推动能源技术与数字技术的深度融合，为能源企业数字化转型发展提供新动力。

1.5 小结

通过数字化手段加快能源转型正在成为能源行业和国有企业发展的新趋势。面对日益复杂的能源和数字化发展形势，能源电力行业作为新型电力系统的主战场，需要把握机遇，迎接挑战，拥抱市场，融合能源科技、数字技术、数据要素助力产业升级变革，将在未来能源发展中获得更多的先发优势。

第一，“双碳”目标引领能源电力企业数字化转型方向。“双碳”目标升级为国家战略，电力行业作为实现“双碳”目标的重要领域，其加快转型、低碳发展对我国实现“双碳”目标至关重要。数字化转型作为“双碳”目标的加速器、新型电力系统的稳定器，受政策、市场、投资倾斜，将快速发展，不仅为能源电力企业带来技术变革和管理模式创新，更能为相关产业赋能，助力我国构筑国际产业链竞争新优势。

第二，政策和市场化的双驱动成为能源电力企业数字化转型的核心动力。国家围绕“互联网＋”、国有企业数字化转型、智慧能源等发布了一系列利好政策，能源电力企业数字化转型进入快车道。随着能源数字经济的发展和电力行业市场化改革的深入，市场因素成为能源电力企业数字化转型的第一驱动力。国有电力企业通过数字化手段服务政府、社会、企业、居民等用户，打造新业务、新模式，赢得市场竞争新优势成为主动选择。

第三，数据要素市场化配置成为能源电力企业数字化转型的重要抓手。数据要素市场化配置上升为国家政策，同时是能源数字经济发展的新引擎。2021年9月，上海试点国企数据资产化，数据资产纳入国资保值增值考核，为国有企业参与数据要素市场化配置拉开序幕。作为以国有企业为主的能源电力行业，下一阶段将以数据要素市场化为抓手，推动电力数据要素依法合规自主有序流通，实现水、电、煤、油、气、热等多种能源数据融合应用，赋能全社会、全产业链，共享数据要素价值。

2

能源电力企业数字化转型的基本框架与总体情况

后疫情时代，数字化转型成为企业的共同选择。但企业数字化转型存在“一企一策”的情况，对数字化转型认识和实践各有不同。本章在2020年度研究的基础上，系统性对企业数字化转型定义、底层逻辑和分析框架进行阐述，对国内外能源电力企业数字化转型情况进行分析，并提出企业在数字化转型中需要规避的误区，为能源电力企业在转型战略、模式和管理等方面提供参考。

2.1 能源电力企业数字化转型基础理论及分析框架

2.1.1 企业数字化转型定义

企业数字化转型已逐渐成为共识，但不同领域对数字化转型的理解各有侧重。**政府关注价值体系重构**，注重数据与企业全要素、全价值链的深度融合，期望以信息流带动技术流、资金流、人才流、物资流协同创新，提高全要素生产率，不断开辟价值增长新空间。**学术界聚焦商业模式创新**，注重依托数字技术转换，驱动企业核心业务模式转型升级，达到以创新商业模式为目标的高层次转型。**产业界重视物理和数字世界融合**，注重构建全感知、全连接、全场景、全智能的数字世界，期望通过优化再造物理世界的业务，实现对传统管理模式、业务模式、商业模式的创新和重塑，实现业务成功转型升级。

综合政府、学术界和产业界观点，企业数字化转型可定义为：通过数据要素的汇集、分析和应用，引导企业管理运营变革、体制机制创新、业务模式转型升级，通过数字化业务应用，赋能客户、员工、产业链上下游生态的全过程。

企业数字化转型机理如图 2-1 所示。

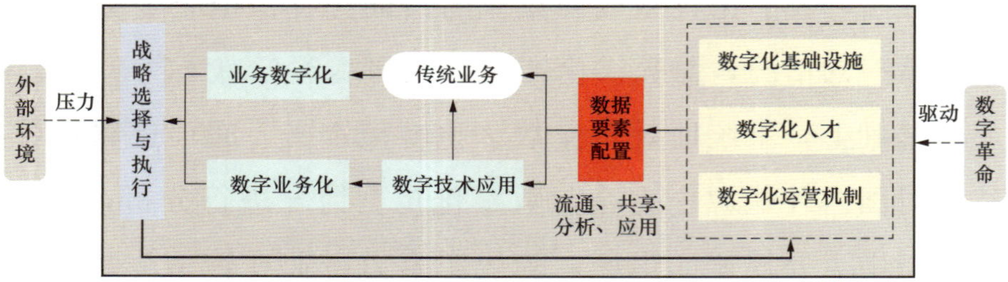

图 2-1　企业数字化转型机理

2.1.2　能源电力企业数字化转型底层逻辑

世界经济在深度调整中曲折复苏、增长乏力，资源环境约束日益趋紧，能源电力企业对数字化转型的迫切需求达到前所未有的程度。同时，“双碳”目标对我国经济社会低碳化、绿色发展提出了更高要求，电力作为实现“双碳”目标的基础性行业，亟须探寻数字化解决方案，助力能源革命，为我国构筑产业链国际竞争新优势贡献力量。

（一）国家战略驱动企业数字化转型

数字中国和“四个革命、一个合作”能源安全新战略深入推进，能源电力企业作为新型电力系统建设的主力军，有责任勇挑重担，全面践行国家战略布局，赋能能源产业转型升级。面对我国缺油乏气、化石能源占比大、单位 GDP 能耗高等问题，以及清洁能源持续攀升的挑战，“大云物移智链”等数字技术的广泛应用能有效缓解和应对上述问题。能源电力企业协同推进数字技术与能源技术深度融合，有助于盘活电力数据资产，促进多种能源高效互动，提升全社会用能效率，保障能源安全。

（二）市场压力倒逼企业数字化转型

面对快速变化的市场需求，企业借助数字化转型更好地服务客户成为重要选择。随着分布式电源不断发展，“自发自用、余量上网”模式快速扩张，配售电市场放开，电力行业新需求将不断涌现，然而电网发展空间却不断压缩。

面对挑战，传统能源电力企业需要借助数字化转型，提升在不确定环境下精准决策能力、聚焦主业的同时，拓展跨界运营产品，实现产品化向平台化和服务化转变、业务流程化向场景化和个性化转变、注重功能向注重用户体验转变，为能源电力企业转型注入持续动力。

（三）科技进步推动企业数字化转型

新兴数字技术正引领新一轮的企业变革，人工智能、区块链、云边协同计算等技术的发展推动企业重构组织架构和优化业务流程，物联网技术与工业互联网技术的融合应用，将变革企业生产和管理运营模式。先进数字技术加速融合各种生产要素，重塑社会分工协作体系，推动产业升级，形成多方受益、合作共赢的价值链条。能源科技和数字技术作为能源电力企业向智慧能源企业迈进的重要抓手，唯有不断增强科技实力和创新能力，融合更加前沿的数字技术，传承创新基因，才能不断引导、推动和创造未来能源，助力能源科技强国。

（四）企业社会责任与自身发展需要驱动数字化转型

能源转型发展的最终落脚点是“防风险，惠民生”，增强人民群众在用能方面的安全感、获得感和幸福感。随着用户用能需求的多元化，我国能源电力企业可依托数字化转型助力能源供给侧改革，促进全要素生产率提高，更好满足人民群众用能需求，同时创新数据驱动型的能源生产和消费模式，促进能源消费者参与激发新需求。在数字中国和新基建的浪潮下，能源电力企业立足满足自身需求和社会发展需求，发挥资源优势，从战略、组织、业务、管理、技术等多维度实施数字化转型，更好服务政府社会。

2.1.3 能源电力企业数字化转型分析框架

能源电力企业数字化转型分析框架如图 2-2 所示。从能源电力行业特点出发，聚焦战略、管理、技术、业务和运营五个方面提出能源电力企业数字化转型的分析框架。该分析框架已在2020年度报告中详细阐述，围绕打造具有数据驱动的战略谋划能力、企业级数据赋能能力、现代化数字产业创新能力的能源电力企业的转型目标进行了分析，本章则重点在转型战略、模式、管理等方面进行迭代完善，发现新问题，探索新方法，为能源电力企业优化数字化转型方案提供支撑。

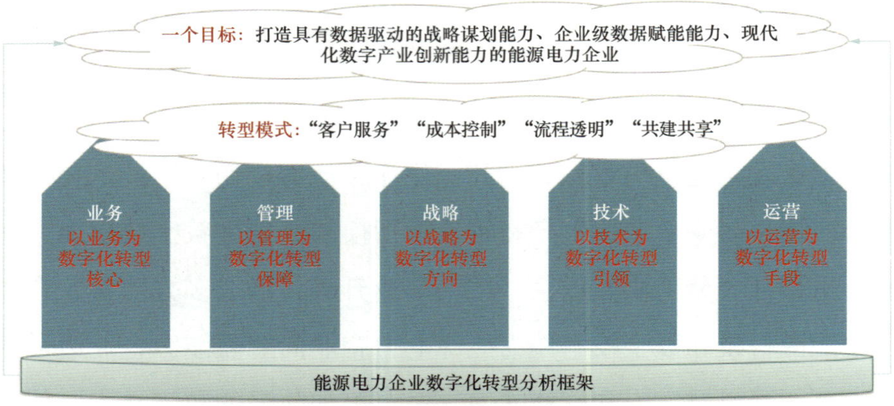

图 2 - 2　能源电力企业数字化转型分析框架

2.2　能源电力企业数字化转型总体情况分析

2.2.1　能源电力企业数字化转型的战略分析

近一年以来，国内外能源电力企业加速数字化转型，转型布局不断调整和优化，探索和试点各具特色的数字化业务，持续在新型数字基础设施建设、数据资产价值挖掘、业务数字化和数字业务化等领域落地实践。

（一）持续迭代更新数字化转型战略布局

能源电力行业数字化转型深入推进，越来越多的企业投入到数字化转型中，围绕组织架构、数据应用、商业模式、技术创新等领域开展工作。其中，领先企业借助先发优势，快速适应政治、经济、市场环境和技术变化，对早期数字化战略进一步调整、优化和升级，率先进入数字化转型的新阶段，更加聚焦服务企业发展总体战略，更加重视释放企业的社会和市场价值。

能源电力企业分阶段分步骤落实数字化转型战略。2019年，中国南方电网有限责任公司（简称南方电网公司）提出将数字化转型作为公司战略转型的主要路径。此后，连续两年印发实施《公司数字化转型和数字电网建设行动方案》，并制定《公司数字化转型和数字电网建设促进管理及业务变革行动方案》，不断调整和优化数字化转型目标和方向。中国华能集团有限公司（简称中国华能）则提出推动“数字华能”“智慧华能”建设，分三年三个阶段——战略规划、引领示范、全面实施数字化转型，出台《数字化转型总体规划》，逐年逐步细化落实转型重点和具体内容，推动“三色三强三优”世界一流能源企业建设。

在欧洲，意大利国家电力公司（简称意大利电力）早在2016年就提出数字化转型，指出要实现由管道到平台的转变，实现企业与客户之间数据和电能的双向流动，此后每两年更新一次战略计划，根据市场变化调整数字化转型的重点，保障电力服务质量。法国电力集团（简称法国电力）提出了《CAP 2030战略计划》，大力推动能源低碳化，重点应用数字技术提升光伏、储能等分布式能源以及电动汽车等新兴业务的发展，并在战略提出后每年制订具体的行动计划，支撑战略落地。

（二）战略重点以企业为中心向赋能产业链转变

能源电力行业数字化程度不断提高，能源电力企业数字化转型的重点由聚焦企业自身转型向赋能产业链方向发展，特别是我国国有大型电力企业，**将带动能源电力产业链上下游企业共同转型作为重点**。

国家电网公司赋予了企业数字化转型更广的内涵，在做好自身转型的基础上，积极构建内外协同、跨界融合的发展模式，为产业链上下游中小企业贡献数字化转型的“国网智慧”，共筑互利共赢的生态发展新格局。中国电力建设集团有限公司面对“数字＋可再生能源”时代的到来，提出从“打通内部、融合外部、构建生态”三方面着力，借助“电建云”推动传统工程企业步入数字时代，依托“平台＋生态”模式，推动产业链上下游企业间数据贯通、资源共享和业务协同，带动关联建筑产业发展和催生建造服务新业态。

（三）战略落地更加聚焦数据资产价值释放

数据要素市场化配置上升为国家战略，数据成为能源电力企业的核心资产。如何挖掘高价值的大数据应用、释放数据价值、推动**能源电力数据资产化已成为能源电力企业战略落地的重要抓手**。

国家电力投资集团有限公司（简称国家电投）将数据资产化作为数字化转型的重要部分，设立大数据中心，以“1+8+N”的形式推进集团云边协同工业大数据平台建设，建成3个大数据分平台和50个大数据边平台，开发近50个大数据应用产品。国家电投以数字化应用一张图为桥梁对接数据供需双方，实现应用落地“最后一公里”，提升数据产品和服务培育孵化效率。

俄罗斯电网公司在《电网数字化转型2030》提出重视大数据分析技术，应用分布式技术和云技术组合构建“数据工厂”，促进电网数据在企业内部、其他电力主体、市场合作伙伴间合规有序流转，服务整个电网行业、各级权力机构、周边组织和电网客户。

2.2.2 能源电力企业数字化转型的模式分析

由于所处的行业地位、发展阶段、基础条件等不同，企业数字化转型有多种模式。从转型的驱动因素来看，企业数字化转型模式可简要归纳为四类典型模式，见表2-1。

表2-1　　企业数字化转型的四大模式对比分析

模 式	优 势	适用企业
“客户服务”驱动模式	准确感知客户个性化需求，通过渠道优化、个性化服务提供优质的客户体验	市场化程度不断提高，客户需求逐渐多元的企业
“成本控制”驱动模式	强化资源优化配置，对生产运营状况的准确把握，降低运营成本	对生产成本高、前期投入大的重资产型企业，以及运营成本高的劳动密集型企业

续表

模　式	优　　势	适用企业
“流程透明”驱动模式	实现对关键流程环节的及时监控预警，优化业务流程执行	业务流程复杂、决策环节多、管理难度大的企业
“共享共建”驱动模式	促进业务的开放创新和跨界融合，重塑商业模式，构建完善资源集聚、合作共赢的生态格局	以用户流量为基础，聚焦发展平台经济、共享经济的企业

（一）“客户服务”驱动模式

该模式主要以客户需求驱动企业转型升级，在市场化趋势明显的行业最为典型。企业通过获取分析客户行为数据，精准感知客户特征和需求，深挖客户价值，推进企业由产品和服务的提供者向客户价值管理者和需求创造者转型。

例如，法国电力通过建立与客户间紧密的数据感知力和连接力，精准把握客户需求，为客户提供多元化服务。其面向家庭研发手机 App“HeatSmart”、智能恒温器“Sowee”等数字产品，提供用电行为分析服务和远程用能调节服务；面向工业企业研发在线的用能分析工具和节能智能审计系统，提供能效监测、节能分析、双向互动等服务，辅助企业节能降耗；面向城市提供照明、交通、建筑等智慧节能方案，促进城市低碳发展。**企业转型后，**法国电力建立了以客户用电行为数据为核心驱动的业务模式和商业模式，在电力零售市场建立起竞争优势。

（二）“成本控制”驱动模式

该模式主要以外部成本压力倒逼企业利用数据提高资源利用效率，在基础设施投入大、设备运维成本高的重资产行业最为典型。企业通过对人、财、物等核心资源的数据分析、监控调度和优化配置，进而压降成本，实现企业管理运营模式转型。

例如，德国意昂集团（简称德国意昂）对资产、设备、人员等生产要素数据进行实时分析，引导资产管理、生产策略和投资决策优化。其主动制订业务上云计划，整合数据和计算资源，推动设备预测性运维、状态远程监测等功能，推动各业务数据融合和分析应用；探索建立可信共享的数字基础设施公共服务平台，助力降低社会公用事业成本。**企业转型后，**德国意昂成功转型为一家电网及能源供应企业，企业运营成本大幅降低，在德国配电网市场占比上升至60%。

（三）“流程透明”驱动模式

该模式主要以业务全流程的数据可视化追溯、监测、预警生产全过程，在业务流程固化、流程环节繁复的企业最为典型。企业通过对全流程环节数据的融会贯通和实时交互，实现企业设备自动化、生产透明化、物流智能化、管理移动化、决策数据化。

例如，意大利电力加快推进管理和业务流程的电子化和透明化，加强业务全流程的数字化监管，提升企业运营效率。其依托数字化信息共享、信息自动核对等手段优化和重构电力业务办理和审批流程，利用数据贯通电力业务各环节，提升各单位、部门之间的协同能力，减少不必要的中间环节。**企业转型后，**意大利电力实现了业务的可视化追溯、监测、分析、推荐和预警，推动了企业流程透明化、生产自动化、管理移动化、决策数据化。

（四）“共享共建”驱动模式

该模式主要以数据开放共享、业务跨界融合，重塑产业链运作模式和业务生态，在聚焦发展平台经济、共享经济的企业最为典型。企业通过数据带动其他资源集聚，推进价值共创。

例如，东京电力公司（简称东京电力）依托传统能源企业资源优势，整合利益相关方资源，建立开放式研发平台，吸引供应商、制造商、研发机构、高校等参与创新，提升各方优势互补能力和价值创造能力，连接跨界业务，提升产业生态的整体竞争力。**企业转型后，**东京电力依托开放式研发平台与索尼公司展开合作，利用物联网技术为日本家庭提供服务，包括高效利用电能、远程测探独居老人的身体健康状况等。与EPCO住宅设计公司、索尼公司开展战略合作，推广住宅节能咨询和智能家居改造等新的商业模式，在住宅节能与智能家居领域快速建立起竞争优势。

考虑到国内能源电力企业资产规模大，受监管要求高，以及面临电力改革、国企改革、内部改革的多重压力，我国能源电力企业数字化转型宜**融合“成本控制”“共建共享”驱动模式优势，兼顾国家监管和市场化改革的要求，在产业升级的新形势下，以“提质降本增效”为主要特征，形成具有中国特色的能源电力企业数字化转型道路**。一方面，基于大型央企使命，借鉴成本控制模式经验，以精益化管理和资源优化配置提升企业运营效率，确保国有资产保值增值；另一方面，基于能源电力行业领军企业使命，借鉴共建共享模式经验，以自身数字化转型带动产业数字化转型，促进上下游企业共同发展，抢占能源电力行业科技制高点，为“双碳”目标落地作出贡献。

2.2.3 能源电力企业数字化转型的管理分析

（一）建设数字企业，助力能源电力企业提高运营效率

将数字技术融入企业管理全过程，是当今世界一流企业的共同发展趋势，更是能源电力企业融入国家治理体系和治理能力现代化的必由之路。

南方电网公司大力建设数字企业，推动数字化运营与决策，实现管理化繁为简，提升管控力、决策力、组织力和协同力，让企业治理发挥在国家治理体系中的应有作用。南方电网公司以数据驱动业务发展，构建完善覆盖企业运营管理全业务的一体化数字业务平台，以数据驱动业务流程再造和组织结构优化，促进跨层级、跨系统、跨部门、跨业务的高效协作，实现所有工作各行其是、各尽其职又高度协同，进一步优化资源配置。

（二）打造平台运营，助力能源电力企业生态构建

平台化运营有利于提高能源产业资源配置效率，推动能源技术和产业变革朝着数字化、智能化方向加速演进，有助于提高国家能源转型和治理的智能化和精细化水平。

中国华能积极构建合作共赢数字化生态体系，吸纳市场、技术、知识、关系、资金、服务等方面资源，打造生态运营平台，不断推进数字化生态建设。通过智慧电厂、智慧矿山、智链物流中心、燃料一体化管控、数字化财务等业务领域的数字化整合，实现全要素、全产业链、全价值链的全面连接，推动实现智能感知、网络协同、敏捷响应、高效决策、动态优化，形成“创新型”生态。

（三）培育数字文化，助力能源电力企业激发创新活力

能源电力企业生产、管理、经营等方面数字化程度显著提高，但数字文化建设仍处于起步阶段。未来数字文化建设将成为数字化转型更基本、更持久的工作。

中国广核集团有限公司（简称中广核）主动加强数字文化建设，培养数字化转型的创新团队，完善配套创新机制，激发创新活力。在推进数字化转型的进程中，中广核创新人才培养和使用机制，引入具有创新意识、专业知识的管理和技术人才，不断培养数字化应用人才，使大众创新、共享共创成为企业发展的重要推动力。

2.3　能源电力企业数字化转型误区

通过对十余家能源电力企业调研发现，我国能源电力企业数字化转型程度不一，部分企业在基础设施建设、常态业务数字化支撑等方面取得一系列成效，但面对数字化转型日益迫切的需求，普遍在转型认知统一、转型方式优化、转型技术提升等方面存在六大误区，需要企业适时作出调整。

（一）转型理念方面：对数字化转型“道”与“术”的认识存在偏差

考虑到能源电力企业属于传统行业，规模大，组织架构复杂，且惯性思维较重，企业各专业、各层级之间对数字化转型的“道”虽有所认识，但实际做的还是信息化的“术”，各方对数字化转型的认知尚未取得共识。

当前在数字化转型过程中“道”，即顶层设计和理念共识，尚未取得一致。

对于数字经济发展所需要的技术、管理、文化等因素所组成的互联网模式，存在一定认知偏差与思维惯性，专业部门多将互联网技术作为业务线上化的实现手段和工具。数字化转型落地实施依然以“术”，即信息化和互联网技术应用为主，推进互联网模式全面融合业务实施过程，向数据驱动的能源互联网企业演进。

面对新形势、新要求，我国能源电力企业需要处理好互联网模式的技术支撑与业务提升的关系，推动企业逐步向数据驱动、互联网模式运营的能源互联网企业演进。

（二）转型方式方面：“专业化”级的转型推进方式与“企业级”的转型预期难以统筹平衡

数字化转型需要经历从信息化到数字化、从分散式到集中式的转变，转变过程中，数据融合贯通、协同互动等任务量大、难度高，“企业级”的数字化转型落实困难异常。

传统能源电力企业信息化建设初期，普遍存在专业条线的“分散式”发展，导致各专业条线相对独立，且存在基础设施重复建设情况，各专业的转型出发点和落脚点不一。

专业的横向协同和“企业级”转型的整体协调难度极大。各专业各自推进数字化转型造成了对本专业数字化推进的自信和对其他专业的天然排斥，对能源电力企业实施“企业级”数字化转型造成越来越大的掣肘和制约。

（三）业务赋能方面：数字化转型大量的投资建设内容与业务实际需求难以有效衔接

数字化转型大量的投资建设内容更注重管理需求而非实践需求，一线员工对数字化转型的获得感低。部分能源电力企业数字化转型的基础设施建设与一线需求对接不足。当前建设主要以专业部门提需求、建设单位做实施的项目制方式开展，基础设施的应用以行政统推等手段实现，与基层实际需要的对接不足。

数字化转型内容的反馈迭代和优化难以为继。一线业务人员的业务操作需求、科学决策需求难以有时间、有资金与数字化建设进行迭代磨合，考虑用户使用便捷性、易用性、流畅性的反馈难有途径实现。

（四）业务拓展方面：外部优势企业进军能源电力领域，抢占能源新兴市场

领先科技企业正在纷纷利用信息获取、平台运营等方面的优势向能源互联网领域进军，而能源电力企业转型慢、惯性大，无法快速应对。以华为、阿里、腾讯为代表的互联网企业以及其他民营新兴企业进行业务拓展，对能源电力新兴市场发展造成较大压力。这些企业利用其在跨界业务领域中带来的信息获取、平台运营等方面的优势，已纷纷开始着手对能源领域的业务布局和市场进军。此外，中国石油化工集团有限公司（简称中石化）等能源央企进军能源互联网领域，也给传统能源电力企业在能源市场拓展造成压力。

（五）技术支撑方面：核心技术难以做到自主研发运维

数字化转型不仅是解决信息化本身的问题，而是要更注重技术的集成创新、创新迭代和运维能力不足使核心技术面临受制于人的风险。

部分能源电力企业在数字化领域的技术积累和实力难以支撑数字技术的快速迭代和持续创新。能源电力企业的优势在于能源电力技术的开发与应用，但对数字化、信息化相关技术的研究广度、深度与互联网公司存在距离。特别是针对数据中台、物联平台等核心产品，难以自主研发应用。

对自主研发产品和购置成熟产品的平衡难以把握。应用短期具备技术优势，但与厂家互联互操作性差，没有应用生态，无法自主发展。

（六）数据要素方面：数据要素作用尚未凸显，面临“问责多、激励少”的局面

超过50%的能源电力企业能够实现数据在线自动采集并上传处理，超过60%的能源电力企业开展了简单数据报表应用，但是尚未开展专业化、规模化的数字化建模和挖掘分析，数据开发利用能力不足，数据要素作用尚未充分发挥。此外，出于数据安全等“一刀切”条件限制，数据要素应用等领域面临

"问责多、激励少"的尴尬局面，阻碍基层业务创新和新业务拓展。

能源电力数据应用在流通机制、激励机制和安全保障方面仍然存在短板，制约着能源电力数据在政府、合作伙伴和产业链上下游企业之间的有序流通，数据要素价值难以释放。

2.4 小结

能源电力企业数字化转型由战略制定进入战略执行和落地阶段。能源电力企业数字化转型政策、经济、市场等内外部环境日益成熟，转型战略达成共识，战略执行成为政府、企业高层领导关注的重点，战略落地成为各企业主攻方向。

能源电力企业数字化转型由自身转型向赋能产业链转型转变。相较于传统行业，能源电力企业数字化转型走在前列，在数据、技术、平台等方面积累一定优势。随着行业数字化程度不断提高，能源电力企业数字化转型的重点由聚焦企业自身向赋能产业链方向发展。此外，我国国有大型电力企业积极承担社会责任，发挥产业链"链长"作用，为全行业、全产业数字化转型赋能。

能源电力企业数字化转型重点更加聚焦数据资产价值发挥。数据要素市场化配置是能源电力企业的重要选择，能源电力数据已从数据汇聚、共享和开放阶段，向数据融合开发利用、交易流通新阶段逐步迈进。通过不断推进能源电力企业的数据资产化进程，不断提升能源电力数据要素的自主有序流通水平，释放能源电力数据更大价值。

3

能源电力企业数字化转型助力新型电力系统建设

中央财经委员会第九次会议中明确指出，要构建清洁低碳安全高效的能源体系，着力提高利用效能，实施可再生能源替代行动，深化电力体制改革，构建以新能源为主体的新型电力系统。通过构建新型电力系统推动实现“双碳”目标已成为能源电力行业的重要共识，能源数字经济也成为助力传统电力系统转型升级的全新破局点。

3.1 高质量发展格局下传统电力系统面临的问题

新型电力系统的建设要求及数字经济的快速发展趋势对电力系统建设提出了更高的要求，传统电力系统发展面临着严峻的挑战。

问题一：传统发展模式难以兼顾安全、经济与低碳绿色的协同发展要求。

从经济性的角度来看，低廉的供/用能成本是电力行业的一致追求；高可再生能源占比，是电力行业落实双碳目标的前进方向；而安全性、低故障率，是电力行业安身立命之本。但是这三者之间在现今条件下，存在着发展矛盾，可以称之为电力行业面临的“不可能三角”问题。

以往的发展模式，基于低用能成本和低故障率的传统电力系统以煤电为主，无法满足日益增长的美好环境绿色需求；绿色性要求我们建立无差别的非歧视开放网络，而要保证安全和绿色的同时，必定会增加类似于升压站、整流站等设施的建设，经济性受到制约；同时，高可再生比例新能源，如果不进行保供保电设施的增加，就会导致各种大停电事件，比如得州大停电事件，很多机组运营都超过了30年，安全性无法保障。因此，寻求一种能够保证绿色一经济一安全协同发展的新发展模式是建设新型电力系统面临的重要挑战。

问题二：在以新能源为主体的新型电力系统建设过程中，整体与局部、分布与集中式、电力紧平衡与节能减碳之间的协调发展要求更加迫切。

我国电力供需形势处于全域平衡、局部紧张，平时充盈、尖峰短缺的态势。对于分布式可再生能源发电与消纳，以整县推进屋顶光伏为例，电能成本降低不等于系统成本同步降低，其消纳压力以及成本成为新型电力系统不得不重点关注的关键挑战。新能源渗透率超过 15%后，消纳成本呈现加速上升。因此，需要从电网的角度，以数字化的手段进行转型升级，从源网荷储多端来协同资源调控，优化能效抵御尖峰，促进清洁能源消纳，解决整体与局部、分布与集中式、电力发展紧平衡压力和减碳目标实现之间的统一协调挑战。

问题三：数据等新型生产要素需要与新型电力系统深度融合，推动电网转型升级创新发展。

2020 年 4 月，国务院在《构建更加完善的要素市场化配置体制机制》意见中，明确将数据作为新型生产要素，加快培育数据要素市场。在此背景下，构建以新能源为主体的新型电力系统，电网需要包括数据要素在内的全要素发力。电网需要数字化的新型基础设施融合发力，盘活电力系统的数据要素，并推动数据与新型电力系统发展的融合创新，从功能、组织、生态系统三个方面，构建快速、清洁、精准、高效的能源传输系统。

3.2 新型电力系统构建对能源电力企业数字化转型的需求

新型电力系统具有以新能源为主体、激活数据要素、要求网架坚强、保证安全可靠、做到灵活有序、坚持透明可控等特性，构建以新能源为主体的新型电力系统，重点是聚焦广域互联、智能互动、灵活柔性、安全可控和开放共享五大方面升级，如图 3-1 所示。

一是广域互联，新能源接入规模增大，主体多变，新型电力系统成为大范围的资源优化配置平台；二是智能互动，新型电力系统具备高度智慧化和交互性，电力生产、消费和市场紧密结合；三是灵活柔性，新型电力系统具有强大的适应性和抗干扰能力，新能源消纳水平显著提升；四是安全可控，新型电力系统具有高度稳定性和可靠性，兼具全域网络安全防护体系；五是开放共享，

图 3-1　构建新型电力系统重点需要聚焦五大方面

新型电力系统纵向连接电力产业链、横向集结能源生态圈，共享开发构建产业生态圈。

新型电力系统建设对能源电力企业数字化提升转型了两方面核心需求。在全社会数字经济发展的大背景下，需要充分发挥数据要素对新型电力系统建设的支撑作用。以新能源为主体的新型电力系统更大范围纳入集中式和分布式电源，在数字化发展推动清洁能源优化配置和数字化发展驱动综合能效提升两方面提出了核心需求，如图 3-2 所示。

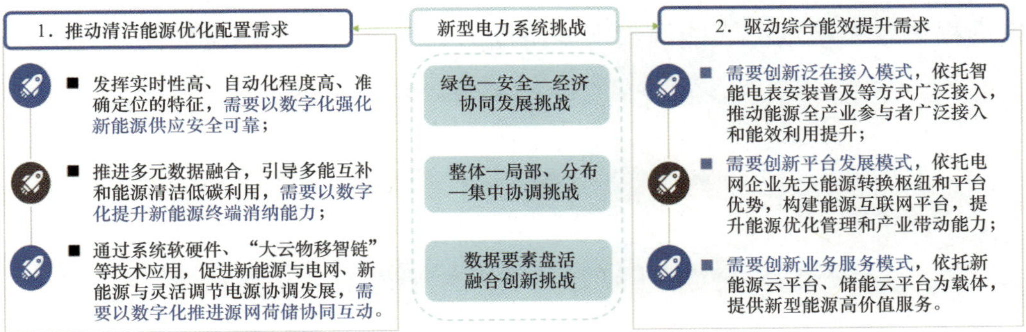

图 3-2　新型电力系统建设对数字化转型提出的两方面核心需求

在推动清洁能源优化配置方面：一是需要发挥数字化技术实施性高、自动化程度高、准确定位的特征，以数字化强化新能源供应安全可靠；二是需要推进多元数据融合，引导多能互补和能源清洁低碳利用，以数字化提升新能源终端消纳能力；三是需要通过系统软硬件、大云物移智链等技术应用，促进新能源与电源电网协调发展，以数字化推进源网荷储协同互动。**在驱动综合能效提升方面：**一是需要创新泛在接入模式，依托智能电表安装普及等方式，推动能源全产业参与者广泛接入和能效利用提升；二是需要创新平台发展模式，依托电网企业先天能源转换枢纽和平台优势，构建能源互联网平台，提升能源优化管理和产业带动能力；三是需要创新业务服务模式，依托新能源云平台、储能云平台为载体，提供新型能源高价值服务。

3.3 能源数字经济推动新型电力系统构建的内在逻辑

能源数字经济是新型电力系统建设的重要推动力。能源数字经济以新发展理念为引领，以数据作为关键生产要素，以能源技术和数字技术融合应用，不断提高能源行业整体全要素生产率，通过数据赋能传统产业和数字能源新兴产业，不断推动新产业、新业态、新模式蓬勃发展，为破局能源电力系统低碳转型发展提供重要推动力。能源数字经济助力新型电力系统建设如图 3-3 所示。

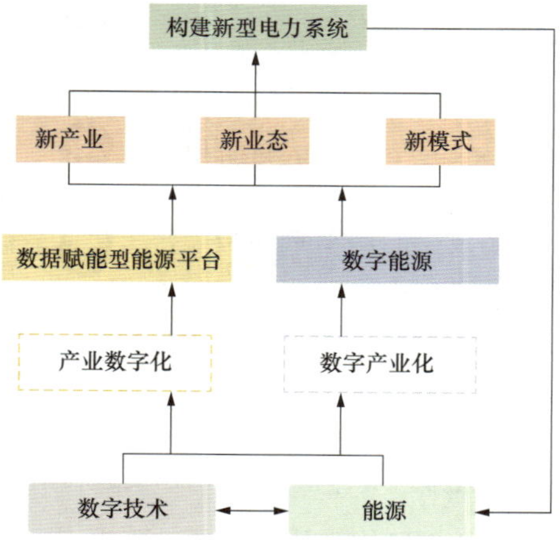

图 3-3　能源数字经济助力新型电力系统建设

数据是新型生产要素。能源数字经济将数据与技术、知识等其他关键要素进行有效融合，推动重构能源电力系统生产关系和能源产业转型发展。技术融合是发展的重要动力。先进数字技术的应用能够推动能源互联网进程加速，创造能源发展的新需求、新场景、新业态，推动群体性技术创新。平台化是产业组织的显著形态。构建新型电力系统协同配合、互利共赢的生态体系，推动产业组织关系从线性竞争到生态共赢转变。能源产业数字化，依托数字技术提升能源利用效率，降低能源消耗，将成为破解新型电力系统各类矛盾的重要抓手。

能源数字经济以系统性提升的方式推动新型电力系统建设。能源数字经济以系统性整体提升的方式，满足新型电力系统数字化提升中在推动清洁能源优化配置和驱动综合能效提升两方面的核心需求，共同推动新型电力系统构建。

能源数字经济以“电力+算力”的新型基础设施为基础，以能源产业数字化和能源数字产业化推动电网的管理、功能、价值形态转变，进而通过释放数据要素价值推动新型电力系统构建，通过能源数据平台和数字产品助力碳排放权、用能权交易市场发展，以及分布式、可再生能源发电与消纳，助力实现双碳目标，如图 3-4 所示。

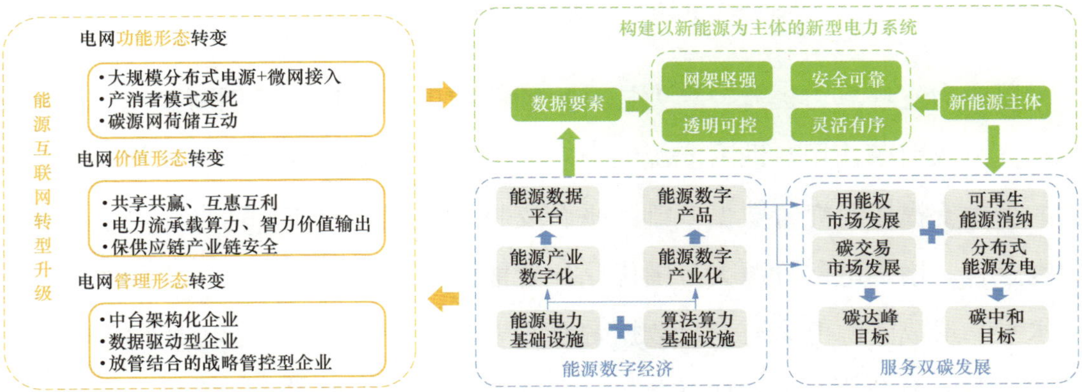

图 3-4 能源数字经济推动新型电力系统建设、助力双碳发展的逻辑机理

3.4 能源电力企业数字化转型推动新型电力系统构建的重点路径

（一）路径一："电力+算力"推动基础设施融合

电力与算力的融合是未来新型基础设施建设的基本方向。从传统经济、互联网经济到能源数字经济，算力与电力的双引擎，将对经济社会高质量发展赋予新动能。从分布特点来看，未来电力的远距离输送与算力的东数西算均存在负荷中心与资源中心的逆向分布特点。随着西部需求被逐步释放，未来商业价值将进一步释放，也需要做好电力算力协同上的提前布局。我国不同地区数据中心机架供需评估如图 3-5 所示。

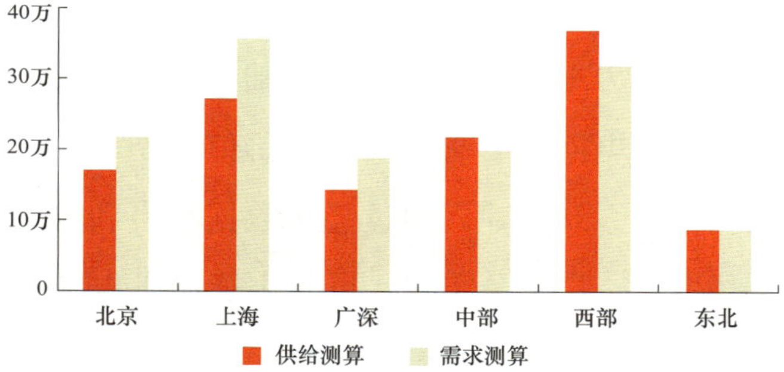

图 3-5　我国不同地区数据中心机架供需评估

以电力支撑算力提升，算力提升反哺能源电力科技突破创新，充分发挥电力和算力双引擎作用，助力能源电力企业打造新型能源基础设施建设。通过强大的算力支撑以及海量数据基础、平台支持，实现能源流、信息流与业务流的深度融合，增强电网资源大范围优化配置能力，提升大规模可再生能源协同发展水平，形成能源电力与信息数据融合的生态系统，服务新型电力系统建设。

能源电力企业通过主动打造多元灵活的算力应用模式，夯实电力数据分析应用能力。随着新兴数字技术与电力业务的深度融合，以人工智能为代表的个性化、专业化的计算需求呈指数型增长，传统算力模式已经不能满足能源电力企业数据处理相关需要。面向不同主题，能够基于云平台，在图像识别、自然语言处理、语音识别等细分领域实施算力定制化，丰富算力选择空间，将进一步提升电力大数据计算和分析能力，为能源电力企业相关业务发展提供支撑。

强化算力对能源互联网平台的支撑作用，赋能能源互联网业务创新。进一步加强算力与智慧物联体系、新能源云、智慧能源服务等典型工业互联网平台的融合，发挥5G在即时通信和平台交互中的连接作用，深化云、边协同的计算模式，实现对上下游企业、设备、客户更广泛的连接，推动跨平台业务集成、数据贯通和功能复用，为能源电力企业内外部用户提供“数据＋模型”便捷化、个性化服务，促进企业间及能源电力行业资源优化配置和要素重组，实现由电网企业向能源互联网企业转型升级。

（二）路径二：数字化转型推动企业业务升级

能源电力企业的数字化转型发展加速了能源数字技术与能源电力产业的深度融合，通过引导能源电力行业向数字化、智能化及网络化转型，为新型电力系统构建提供智慧化的解决方案。

能源电力企业数字化提升新能源预测能力，保证新能源供应安全可靠。随着全社会对能源可靠性和安全性要求的持续提升，新型电力系统需要保证在大范围清洁能源灵活配置的基础上，避免大规模停电带来的经济损失和社会影响。在数据支撑的基础上推进企业生产运营各环节数字化转型，打通业务壁垒、优化流程，使能源电力企业在生产运营、交易、客户等环节实现透明化、可观测、可控制，极大提高交易平台的运作效率，对新能源发展尤其重要。

能源电力企业数字化提升能源系统决策优化能力，发挥数字化实时性高、自动化程度高、准确定位的特征，通过构建模型算法平台实现新能源电力预测，提升系统运行智能决策水平，打造数据驱动模式的能源业务发展与运行分析模式，提高能源供应体系状态全面感知、分析控制智能化能力，降低由于人为因素导致的运行安全风险；动态评估各地区新能源消纳状况，滚动计算分区域、分省、地市县分层分级新能源消纳能力，实时预测月度、季度、年度及中长期的弃电量、利用率、可接纳新增装机容量等指标，可引导新能源科学开发和合理布局，有效提高清洁能源占比，推动能源供应模式多元化。

能源电力企业数字化提升能源全产业链连接能力，推动能源全局及综合利用效率提升。依托智能电表安装普及等方式，广泛接入智能家居、充电桩、储能、分布式能源、工业生产、空调、电蓄热、冰蓄冷等各类设备，推动设备状态及时感知，相关辅助服务及时共享；基于用户画像提供精准服务，灵活汇聚需求侧资源，结合供应侧资源提高能效，通过支撑综合能源服务等新业态、新模式发展，赋予用户更广泛的消费选择权，提升用户对自身能效水平的全面感知和精准优化能力。

（三）路径三：能源大数据中心推动数据价值释放

能源电力企业通过推动能源大数据中心建设提升企业数据汇聚能力，促进能源大数据价值释放（见图 3-6）。应用先进的物联网技术和移动通信技术，加强省级大数据中心的数据汇聚能力，全面接入水、电、气、热、煤、油和经济、气象、政府、环境、金融领域的各类外部数据，为政府、能源行业、其他行业、社会大众研发能源大数据产品和标准规范，将能源大数据中心打造成为数据汇聚中心、价值创造中心、开放共享中心，带动能源行业上下游创新发展。

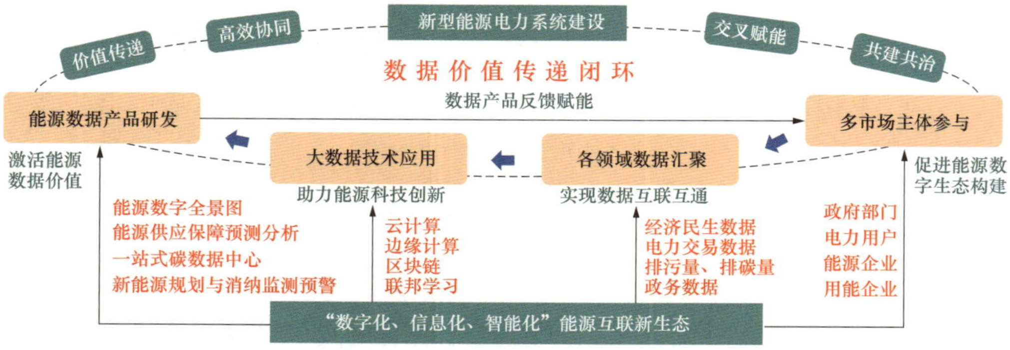

图 3-6 全产业协同释放能源大数据价值示意

能源电力企业通过推动能源大数据中心建设提高产业协同互动能力，提高各类市场主体在能源生产和消费中的参与度。在数据汇聚的基础上，创新应用云计算、边缘计算、区块链、联邦学习等大数据领域创新技术，给各类市场主体引流赋能，为客户提供能效管理、智能运维、需求响应等能效服务，推动“产消者”从幕后走向前端，提高各类市场主体在新型能源电力系统建设中的参与感和参与度，形成各类主体深度参与、高效协同、共建共治共享的能源互联网生态圈。

能源电力企业通过推动能源大数据中心建设提升能源监测分析能力，服务政府治理和科学决策。依托能源大数据中心为政府开展能源统计分析、运行监测、预测预警、能源规划和生态环保等工作提供支撑。在“双碳”目标实施过程中，能源大数据平台将进一步发挥属地优势和数据优势，有助于改变碳指标机械分配的方式，通过将能源数据与智慧城市建设相结合，从地方规划、产业定位、经济价值、社会效益等多方面综合评估，制定更加柔性灵活的碳分配机制，为政府能源规划和“双碳”目标落地提供决策支撑。

（四）路径四：能源数字产品推动市场融合发展

能源电力企业以能源数字产品的创新，支撑政府洞悉能源、经济发展趋势，依托电力绿色循环经济指数、电力产业链双碳指数、电力城乡一体化发展指数等典型的电力大数据产品，为电力市场、碳市场和能源数据市场融合提供广阔的发展前景。由于电力大数据具有价值密度高、分秒级实时准确、全方位真实可靠和全生态独占性链接的特点，基于新型电力系统的能源电力大数据，将有利于创新性提出低碳数字产品和减碳特色服务，能够从多方面助力市场的融合发展。

从数字产业化角度，能源电力企业能够设计具有开拓意义的数字新产品、新服务。以用能权凭证式数字产品为例，伴随新型电力系统中新能源主体地位不断强化，“双高”“双峰”特征进一步凸显，传统的冗余建设保电保供模式因边际收益递减而越发难以为继，如图 3-7 所示。能源电力企业瞄准尖峰负荷供需矛盾，着力解决这一时段的低效率问题，创新设计用能权凭证式数字产品。

通过市场化手段调动社会中小微型供能、储能主体，缓解调峰压力，实现尖峰负荷缺口的提前预测，以“区块链＋数字能源计量”的方式，为社会灵活资源提供可参与、可信赖的交易平台，并用配额凭证作为数字能源的价值尺度，可以充分调动社会各界参与尖峰时段的报价与互动，从而起到降低尖峰负荷的基础建设，并实现高效率的需求响应与双向互动。

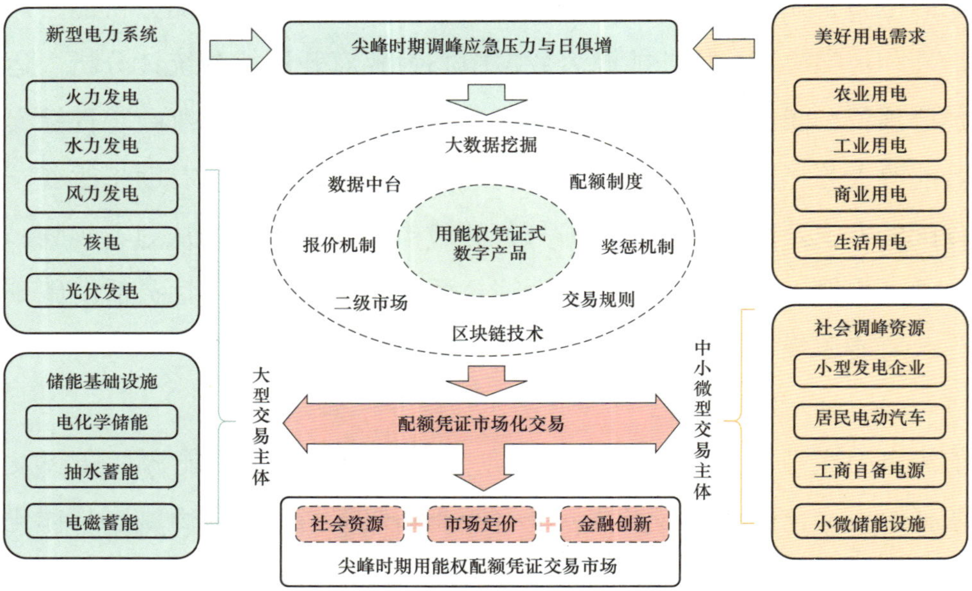

图 3－7　用能权凭证式数字产品作用机理

（五）路径五：能源数字技术推动体制机制创新

能源数字技术的应用将推动电力市场交易机制的创新，区块链去中心、可追溯、公平性等特点完美契合新型电力系统下源网荷储各环节业务需要，有利于碳因子的计算、碳排放权上链、碳足迹追踪以及新能源的发电与消纳。能源电力企业应依托可信的数字技术建立必要的机制，以解决多方利益主体的激励相容问题。

能源数字技术将进一步推动全国碳排放权、用能权交易市场体制机制建设。利用复杂网络、人工智能等技术，基于电力大数据开展碳排放权分配机制研究，通过时间切片观察产业链图谱中的单位能耗的动态变化，为制订减排计划、加速企业“绿色转型”提供科学依据（见图3-8）。例如，复杂网络与人工智能技术，能够解决碳排放权的合理分配与交易问题；区块链的分布式基础设施，能够解决多个碳交易中心的统一与一致性问题。

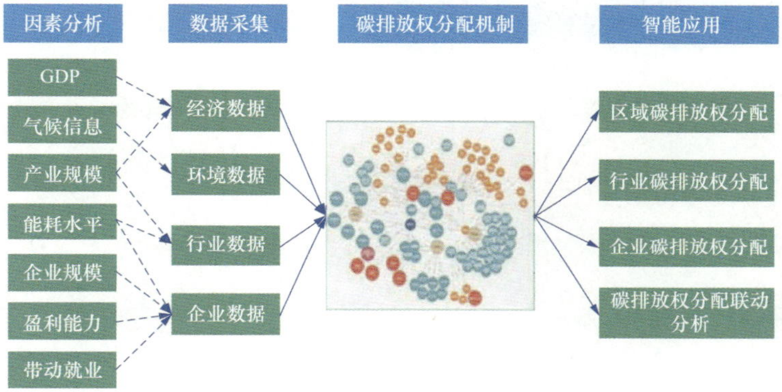

图3-8　碳排放权体制机制设计原理

3.5　小结

能源电力企业需要将能源转型与数字化转型统筹考虑、整体布局，共同推动新型电力系统建设。坚持立足能源电力主导产业，全面布局金融业务、国际业务、支撑产业及战略性新兴产业，关键实现全要素发力，在全环节、全业务上开展数字化转型，避免业务创新与数字创新两张皮。

能源电力企业需要从新型电力系统建设的痛点难点出发，探索形成数字化驱动电力系统转型升级的行动路径。从目标分解、体系优化、风险预警、决策支撑等角度，充分发挥数字化转型对新型电力系统驱动力的功能作用。以省级能源电力公司及相关直属单位为主体，加快形成行动方案，推行实施落地应用。

能源电力企业需要加强数字技术的攻关与预研，为新型电力系统建设破局提供充足的技术储备。对安全、经济、绿色的“不可能三角”问题、新能源大规模并网问题、电力算力融合发展与布局问题等建立专题专项工作组，不断迭代研究成果，促进对重大问题的研究落实与组织协调。

案例篇

4

国内外能源电力企业数字化转型

当前，新一轮能源技术革命方兴未艾，先进信息技术与能源行业加速融合，数字化、网络化、智能化发展快速演进，能源电力行业面临产业升级、业态创新、服务拓展和生态重构等风险挑战，亟待以数字化转型推动全方位、全链条式的转型升级。

案例部分跟踪了国内外不同地域、领域的20家能源电力企业，每年度从中选取4～7家有代表性的企业，以转型战略为引领，基于转型实践中的业务、管理、技术三位一体，进行数字化转型进展分析，并以三年为周期滚动修编，更好展现相同时间跨度下不同能源电力企业数字化转型的发展状况。

4.1 国家能源集团打造智慧国家能源

4.1.1 转型背景

自2017年重组成立以来，国家能源投资集团有限责任公司（简称国家能源集团）深入贯彻习近平总书记关于加快数字化发展的重要指示精神，全面落实国务院国资委有关部署要求，秉持“数字驱动转型发展、智慧引领国家能源”的理念，以信息化智能化促进改革重组融合、管理效能提升、生产经营提效和产业转型升级，坚决落实“碳达峰、碳中和”目标要求，更好履行“能源供应压舱石，能源革命排头兵”的企业使命。2019年确立了“一三五七”数字化发展战略：一个目标，即建设具有全球竞争力的世界一流能源集团；三型五化，即打造创新型、引领型、价值型企业，推进清洁化、一体化、精细化、智慧化、国际化发展；七个一流，即实现安全一流、质量一流、效益一流、技术一流、人才一流、品牌一流和党建一流。

重组前，国家能源集团对转型发展的关注较少，数字化进程相对缓慢，煤电融合创新不明显。重组后，作为全球最大的煤炭生产、火力发电、风力发电和煤制油煤化工公司，国家能源集团坚决扛起保障能源安全稳定供应的重大职责使命，积极拥抱数字化发展的时代趋势，从抢抓能源技术革命新机遇、打造高质量发展新引擎的战略高度，把加快数字化、智慧化发展作为全产业提质增效的重要推动，作为全要素效能提升的重要手段，作为全链条价值重塑的重要支撑，努力走出一条数字经济和能源经济融合发展之路。

4.1.2 数字化转型战略分析

（一）战略内涵：建设智慧国家能源，推动企业智慧转型

国家能源集团强化顶层设计，突出规划引领，结合数字化转型要求和集团产业实际，编制印发《国家能源集团数字化转型战略》和《国家能源集团网络安全和信息化“十四五”总体规划》，全力推进“四个革命、一个合作”，主动拥抱能源数字化转型升级的时代趋势，提出建设智慧国家能源、推动企业智慧转型的发展战略。《国家能源集团数字化转型战略》明确了“平台化发展、数字化运营、生态化协作、产业链协同、智能化生产”的转型发展目标，坚持规划、标准、投资、建设、管理、运维“六统一”和“大集中”原则，加快构建智能生产、智慧管理、智慧运营体系，持续加大创新攻关力度，积极开展大数据应用治理，不断深化先进信息技术在集团能源生产、输送、交易、消费各环节以及企业管理各方面的创新应用，在数字化转型道路上迈出坚定步伐。

（二）战略重点：从业务及管理入手，推动企业从生产型组织向服务型组织转变

国家能源集团拥有煤炭、电力、运输、化工全产业链业务，传统、多元的产业类型为加快转型升级、深化提质增效带来巨大挑战，快速发展的先进信息技术为产业数字化转型提供重大机遇。国家能源集团编制实施各产业智能化建设专项规划，以提升全要素生产率为核心，积极推动能源生产与先进信息技术深度融合，大力探索 5G、云计算、大数据、区块链、人工智能、北斗通信等新一代信息技术创新应用，全方位推进智能矿山、智能电站、智能运输和智能化工建设，努力占领“智慧＋能源”生产的技术制高点。

（三）战略特色：以数字化平台提升全产业链运营管理协同能力

“煤电路港航化”全产业链布局、“产运销储用”纵向一体化运营是国家能源集团的独特竞争优势，深度挖掘各产业环节价值，深化各产业高效协同，持续巩固提升一体化竞争优势，是国家能源集团基业长青、高质量发展的永恒课题。国家能源集团围绕核心业务开展流程再造、机制变革、价值重塑，促进互联互通和智慧协同，不断提升智慧运营水平。

启动调度中心指挥平台项目建设。聚焦“管理信息化、运营透明化、决策科学化、协同网络化”的价值导向，按照“总体设计、重点突破、迭代推进”原则，国家能源集团投入2.9亿元，着力打造“一体化集中管控、智能化高效协同、可视化高度融合”的协同调度智能化指挥平台和“全流程贯通、全产业链衔接、全场景监控”的工业互联网平台，覆盖集团总部及55家子分公司、229家三级生产单位。2021年核心功能已顺利上线运行，正在形成打通“一条线”、带动“一大片”的工作格局，一体化创新发展的活力得到孕育，集团正迈入更高效的“透明化”数据驱动产业深度协同的新阶段。

4.1.3 数字化转型实践

（一）业务：建设智能生态提升全要素生产力

建设“智能矿山”。国家能源集团认真贯彻八部委联合印发的《关于加快煤矿智能化发展的指导意见》，推进煤炭智能化安全高效绿色开发，明确到2022年实现所有煤矿智能开采全覆盖的目标。国家能源集团已建成一批智能采煤工作面、智能掘进工作面、智能洗煤厂，9家煤矿入选国家示范智能化煤矿。在上湾煤矿建成世界首套8.8m超大采高智能工作面，在锦界煤矿建成国内首个数字矿山示范矿井，在大柳塔煤矿建成世界首座智能煤矿地面集中控制中心。宝日希勒煤矿实现世界首个极寒工况“5G＋无人驾驶”卡车编组重载运行。黑岱沟及哈尔乌素露天煤矿率先在爆破作业中上线北斗定位和智能布孔系统，依靠安全保障系统实现自动预警和智能刹车等主动安全驾驶功能。通过数字化实现无人化、少人化，有效提升矿山安全生产水平。

建设“智能电站”。加快绿色低碳转型步伐，推动传统煤电产业清洁化发展和新能源产业规模化发展，在“碳达峰、碳中和”进程中争当排头兵。国家能源集团所属国电电力建成国内首个5G+智慧火电厂，自主研发28nm物联网智能芯片，在火电行业智能边缘计算领域实现新突破。科环集团燃煤电厂智慧管控系统达国际领先水平。京燃热电率先建成国内智能化程度最高、用人最少、近零排放的智能生态燃气电厂，实现一键启停、无人值守、三维展示、智能巡检等关键应用。推进智能风电试点建设，龙源电力依托数字化、智能化风场和区域化集中监控，搭建国内首个风电运营商“大数据”平台。提升水电产业智能化水平，建成大渡河流域梯级电站群智慧化管控平台。

建设“智能运输”。提高运输系统智能化水平，积极推进试点项目，为推动国家运输结构调整、加快建设交通强国贡献更大力量。国家能源集团研发重载铁路LTE网络系统、应用系统、终端等成套设备，在全球首次实现基于长期演进技术的重载铁路应用业务。铁路调度系统上线运行，打造铁路运输指挥运行的“智慧大脑”和“中枢神经”。黄骅港实现世界首家“翻堆、取装”全流程设备智能管控。

建设“智能化工”。国家能源集团推动化工产业全面数字化转型，到2022年建成以数据驱动的智能化生产体系、安全风险管控体系和智慧化经营决策体系。通过智能化系统控制，实现世界唯一百万吨级煤直接液化示范项目和世界单套投资规模最大的400万吨级煤间接液化示范项目安全稳定清洁运行。

（二）管理：构建以ERP系统为核心的智慧管理平台

新ERP系统于2021年1月实现全集团大统一和全覆盖，实施范围涵盖全集团管理口径73家二级单位、1393家实施单位，可实时管理全集团约4万个细化到班组的组织机构、29.6万名员工、39.9万个合作供应商、2665类所需物资，以及每年约190万元采购及销售订单量、1000万笔财务凭证、

300 万张合并报表等数据信息，业务互通、数据共享的数字化管理模式初步形成。

（三）技术：应用数字技术开展大数据应用治理

以数据资产价值最大化为目标，积极应用“大云物移智”等数字技术，贯通产运销系统运营平台、人财物资源管理平台、集团云数据中心等重点应用平台，打破“信息壁垒”“信息孤岛”，构建起横向到边、纵向到底的集团级数据资源池，深化大数据智能分析，实现多业务数据的互联互通、统一集成、共享应用，推动基于全样本数据的科学决策，有效提升战略决策数字化水平。

4.1.4 相关启示

国家能源集团深入贯彻新发展理念，立足企业实际，大力推进数字化转型发展，抓住数字产业化、产业数字化机遇，深化实现智能矿山、智慧能源基地建设、数字化管理、产品智能化等领域建设工作，提升数字化转型规划质量、赋能生产水平和数字化管理能力，推动新一代信息技术同生产经营深度融合。对于能源电力行业以及其他行业的战略转型而言，具有重要的启示和借鉴意义。

一是强化战略认同，重视转型的一体化。国家能源集团作为综合能源企业践行引导各板块树立“大煤矿、大运输、大电厂、大协同”全局“一盘棋”的思维方式，提升运营协调指挥业务的信息化管理能力，以一体化管控的集约化管理为目标，构建“系统、智能、共享、协同、安全”的运营指挥工作载体，打造世界一流的“一体化集中管控、智能化高效协同、可视化高度融合”协同调度指挥智能化平台。国家能源集团的业务布局主要呈现分散特点，因此在数字化转型过程中更加重视“标准化”“一体化”，以数字化平台建设的方式实现对不同生产单位、供应链上下游等领域进行有效的资源整合，从而推动全局的数字化能力提升。

二是明确转型重点，加强和国家战略的衔接。数字化转型不是新技术和新工具的堆砌，必须以效益为导向、以实用为目标、以人才为核心，整体长期有序推进战略落实。国家能源集团以基石项目为基础，积极探索独具集团特色的工业互联网建设，构筑平台化企业，为国家能源监管作出有价值的探索。在智能运输领域加强与交通体系的有效衔接，利用自身资源和技术服务交通强国建设，放大自身数字化转型带来的外部效益，为进一步承担国家使命、保障国家能源安全、带动全社会数字化转型，贡献智慧与担当。

4.2　南方电网公司以数字南网助推新型电力系统建设

4.2.1　转型背景

2021 年 3 月 15 日，中央财经委员会第九次会议指出，“十四五”是“碳达峰”的关键期、窗口期，要构建清洁、低碳、安全、高效的能源体系，控制化石能源总量，着力提高利用效能，实施可再生能源替代行动，深化电力体制改革，构建以新能源为主体的新型电力系统。

南方电网公司积极落实国家战略部署，提出以数字电网承载新型电力系统，以数据流引领和优化能量流、业务流，通过加快建设数字电网，持续打造和完善一系列数字业务技术平台，使之具有强大的数据管理能力、超强的计算能力和以数据驱动业务的能力，推动能源生态系统利益相关方开放合作、互利共生、协作创新。

4.2.2　数字化转型战略分析

（一）提升战略定位，在更大范围凝聚数字化转型共识

南方电网公司立足数字化转型，将数字技术与电网创新发展高度融合，提出了“数字电网”概念。定位高，明确提出“数字电网将成为承载新型电力系

统的最佳形态”，从当前各能源央企来看，南方电网公司对数字化驱动的新型业务形态给予的期待程度更高。嵌入度深，数字电网与企业战略全面衔接，提出35项行动任务深度嵌入经营管理与电网发展的各个方面，全面支撑“三商”（数字电网运营商、能源产业价值链整合商、能源生态系统服务商）战略落地。共识性强，将数字电网的决策部署以白皮书、行动计划、新闻通稿等多种方式对内对外宣传，使各层级干部员工对发展数字电网形成共识，从文化层面降低了数字化变革的阻力。

（二）数据驱动发展，运用数字技术推动企业转型升级

南方电网公司以数据流引领和优化能量流、业务流，将数据转换为强大的“电力+算力”，推动新型电力系统构建、双碳目标实现和经营质效提升。在电源侧，依托数字技术实现新能源的“全面可观、精确可测、高度可控”，支撑新能源发电设备作为主力电源参与电力系统调控。在电网侧，利用人工智能技术增强电网智能分析水平，确保调节能力与新能源开发利用规模相匹配，持续加强配网数字化和柔性化水平，提升对分布式电源的承载能力。在客户侧，构建适应新型电力系统的现代供电服务体系，推进数字技术深度融入用户服务全业务、全流程，积极引领绿色用能方式，加快推动终端能源消费“新电气化”进程。在企业运营，以数据驱动管控深度与广度拓展，提升决策洞察力和数字化运营与决策能力，实现管理化繁为简。在产业生态，对接数字政府、打造数字金融，服务政府、行业企业和个人用户，形成较为完善的大数据产业链和生态体系。

（三）行动节奏感强，实施方案兼顾系统性和延续性

南方电网公司持续迭代完善数字电网行动方案，为落地实践提供遵循。紧跟国家战略，主动响应数字中国发展战略，发布《数字电网白皮书》，在中央提出构建新型电力系统后的次月，发布《数字电网推动构建以新能源为主体的新型电力系统白皮书》，数字化转型战略与时俱进。聚焦主业系统布局，坚持数字化与企业战略、电网业务的全面融合，“十四五”数字化规划覆盖了技术、

业务、产业、生态等多个领域，形成技术和业务“双驱动”顶层设计。行动实施衔接持续，近三年连续出台三项数字化转型和数字电网建设相关的行动方案，节奏感强，保持实施行动与战略规划的衔接与持续。

（四）技术路线紧密承接战略，高效支撑业务需要

南方电网公司提出数字电网“4321”工程[1]，打造具有三层架构的数字业务技术平台，支撑数字化转型和数字电网建设。在前端，将原有较为分散的应用，整合为电网管理、客户服务、调度运行、运营管控四大业务平台。在中台，构建公司级服务共享中心，提供数据、技术和业务共享服务组件。在底层，以云平台、物联网、电网数字化平台三大基础平台为核心，提供数字基础技术能力，构建“云数一体”的数据中心，为各平台提供数据汇聚和分析服务，同时对接国家工业互联网、数字政府等相关方，打造能源数字生态。

（五）体制机制完善，各层级协同推进企业数字化转型

南方电网公司在总部和各级分子公司均成立网络安全和数字电网工作领导小组。一把手推动，定期统筹协调全局性的重大问题；数字化部归口，业务部门协同，推动数字化转型的落地实施；各机构分级协同，整合产学研多方人员成立数字研究院，聚焦能源数据和新型电力系统研究揭牌 4 家新机构[2]。

---

[1] 即建设电网管理、调度运行、客户服务、企业级运营管控四大业务平台，打造南网云、数字电网和物联网三大数字化基础平台，对接国家工业互联网和粤港澳大湾区利益相关方，完善统一的数据中心。

[2] 南方电网大数据服务有限公司专注于数字化、智能化、信息化建设，着力深挖数字电网蕴含的基础资源和数据价值，大力发展电网与数字基础设施融合服务，促进数据生产、存储、计算与传输网络的互联互通，推动大数据运营和增值服务的集成创新、跨域创新。

新能源研究所主要承接新能源及储能政策研究、新能源与电能替代、电动汽车等方向的研究咨询与服务，以及新能源技术、绿色能源发展规划研究等工作，主要包括新能源研究方向、分布式能源及储能研究方向。

新型电力系统研究所立足构建以新能源为主体的新型电力系统，围绕新型电力系统的内涵和外延，负责开展新型电力系统领域的科技研发、技术服务、工程集成、新兴业务和标准制定等研究工作。

新型电力系统数字化技术研究所立足于成为南方电网公司在新型电力系统数字化领域创新驱动发展的引擎和实现“碳达峰、碳中和”重要举措落地的技术支撑机构，开展新型电力系统数字化相关业务领域的前瞻性技术研究、关键软硬件产品开发、咨询服务、数字化技术推广应用、整体解决方案提供等。

（六）重视专业人才，培育良好的数据文化氛围

南方电网公司超前布局数字化人才，创新管理机制，充分发挥重大科研团队作用。吸引高端人才，面向全球招聘 33 名战略级专家，其中数字化专家占 17 名。强化机制保障，推行“揭榜制”“挂帅制”“众筹制”“自荐制”四制并行，给科研人员授权松绑。培育创新氛围，聚焦关键核心技术攻关方向，激发创新创造活力，营造“能者上”的创新氛围。

4.2.3 数字化转型实践

（一）加快建设数字电网，构建开放共享、合作共赢能源生态系统

南方电网公司大力推进数字化转型和数字电网建设，编制印发《南方电网公司数字化转型和数字电网建设行动方案》和《南方电网公司数字化转型和数字电网建设促进公司管理及业务变革行动方案》，形成技术和业务“双驱动”顶层设计；发布《数字电网白皮书》，成立全球首家数字电网研究院，打造数字电网品牌；开展电网管理平台、客户服务平台、调度运行平台、企业运营管控四大平台建设；南网云平台承载各业务系统上云，支撑千万级用户访问；研发部署微型传感、芯片化智能终端和智能网关，提升电网边缘感知和控制能力；物联网平台全面上线运行，持续接入输、配、变设备感知数据；电网数字化平台发布统一电网数据模型，开放数据共享服务；全网底座式数据中心初步建成；“南网智瞰”提供高精度地图服务，实现全网一张图。

（二）全力保障新能源充分消纳，推动构建多元能源供给体系

南方电网公司依托数字技术增强对新能源的“可观、可测、可控”水平，利用人工智能技术持续提升新能源预测水平，运用云边融合和先进控制技术增强新能源场站主动参与系统调峰调频能力；在“大云物移智链”等数字技术的支撑下，推进电力系统拥有更加有敏锐的“五官”和更加聪明的“大脑”，支持众多新能源发电设备作为主力电源参与电力系统调控过程；坚持集中式和分布式并举、就近消纳为主的原则优化五省区陆上风电和光伏电站布局，支持继

续实施西部地区分布式光伏扶贫，利用智能传感、物联网技术等增强对分布式新能源的监控水平；积极推动广东、广西沿海风电集群大规模开发，加强海上风电统一规划和并网，并推动海上、陆上电网统一协调规划和建设，运用数字化技术推动海上风电智能调控和智慧运维；加快推动源网荷侧多类型储能技术应用，建立健全跨省区清洁能源消纳机制，服务新能源快速发展。

（三）加快构建坚强主网架和柔性配网，促进能源资源优化配置

南方电网公司利用数字技术构建坚强主网架和柔性配电网。广泛部署小微传感、芯片化智能终端和智能网关，运用数字技术持续增强新型电力系统中万物互联和全面感知能力，大力开展电网数字孪生建设，加速实现电网状态、设备状态、交易状态、管理状态的全面透明；基于全面、准确、透明的数据收集和分析，利用大数据技术提供数据分析和挖掘能力，利用人工智能技术增强电网智能分析和决策水平，为新型电力系统提供更加强大的算力，增强电网运行智能化水平；应用先进电力电子与数字技术构建同步电网规模合理的柔性互联大电网；充分利用多端直流输电技术推动海上风电集群大规模电源开发利用、藏东南风光水互补能源基地的开发送出；建设云大脑和边缘节点两级融合的云边融合调控体系，利用数字技术、市场机制设计等多维度提升电力系统的调节能力，保障调节能力与新能源开发利用规模相匹配，支撑电网自主巡航、电力市场有序运转和新能源充分消纳；统筹利用风电、光伏、生物质等区域分布式能源资源，因地制宜建设交直流混合配电网和智能微电网，持续加强配电网数字化和柔性化水平，提升对分布式电源的承载力。

（四）以数字技术助推能源消费革命，推动绿色生产生活方式广泛形成

南方电网公司利用数字技术构建适应新型电力系统的现代供电服务体系，推进数字技术深度融入用户服务全业务、全流程，实现线上线下服务的无缝连接，提高服务效率和客户体验，支撑业务创新，帮助用户不断释放需求潜能；通过物联网和区块链技术聚合海量用户侧可调节资源，大力建设虚拟电厂，引导用户合理用电，促进发电侧与负荷侧双向互动；积极引领绿色用能方式，通

过大数据技术辅助用户挖掘节能潜力，促进能源消费从单一、被动、通用化的利用模式向融合多种需求、主动参与、定制化的高效利用模式转变，推动电动汽车、电能替代、节能减排、综合能源服务的发展；加快建设南方区域统一电力市场，丰富电力市场交易品种，探索灵活多样的市场化需求响应交易模式。

（五）大力实施创新驱动战略，增强构建新型电力系统的科技支撑力和产业带动力

南方电网公司积极开展新型电力系统运行机理与发展形态、基于数据驱动的新型电力系统分析与控制基础理论和方法等基础研究，在新能源发电大规模并网消纳、数字电网、电力专用芯片、电网柔性互联、先进储能技术、虚拟电厂等方面实现突破，促进数字化技术与电力技术深度融合，建设支撑新型电力系统国家级创新平台，形成具有我国自主知识产权的新型电力系统关键技术和标准体系。加快实现关键领域核心技术独立自主和升级换代，促进形成完整且具备国际一流水平的电力产业链。

4.2.4 相关启示

南方电网公司立足能源转型和数字经济的发展要求，提出了“加快向三商转型，建成具有全球竞争力的世界一流企业”的发展战略，并将数字化作为推动公司战略转型的关键路径，持续迭代推进创新发展，助力新型电力系统建设。

一是提升战略定位，在更大范围凝聚数字化转型共识。从数字化转型及对驱动企业创新发展的认识来讲，当前能源电力企业普遍将数字化转型提升到战略层面。从内外部宣传角度看，南方电网公司将“数字电网”与“能源互联网”摆在对等地位上，数字化转型在企业的战略位置更突出，有助于抢占数字经济、数字产业的宣传制高点，也有利于激发全体员工对数字化生存、数字化发展的共识。因此，对能源电力企业来说，学习借鉴南方电网公司提升数字化在企业战略体系中的位置尤为重要，在企业创新发展中凸显数字化转型的功能作用。

二是数据驱动发展，运用数字技术推动企业转型升级。面对双碳目标、新型电力系统建设等国家重大战略的新机遇和新挑战，能源电力企业在实施路径方面存在一定差异。南方电网公司突出“新一代数字技术为核心驱动力，数据为关键生产要素”，提出以数字电网推动构建新型电力系统。因此，能源电力企业可进一步凸显数字化在应对重大变局方面的功能作用，以新要素驱动新发展，用新方法应对新挑战。

三是行动节奏感强，实施方案兼顾系统性和延续性。南方电网公司在白皮书和规划的基础上形成了系列行动方案，充分发挥数字化转型的后发优势，工作系统性更高，同时行动方案迭代速度快、连续性强，文件发布紧跟国家决策，战略实施和战略宣传结合紧密。能源电力企业可借鉴定期发布自身数字化转型进展，及时完善数字化转型发展配套行动方案。

四是体制机制完善，各层级协同推进企业数字化转型。南方电网公司构建了从总部到分支机构，从领导层、管理层到业务层的共同推进数字化转型的组织体系，有助于形成数字化发展合力。基于数字研究院组建了面向业务研究、建设实施的统一团队，有利于成果整合和快速响应。能源电力企业可借鉴加强统筹组织，清晰细化各单位分工。

4.3　法国电力集团依托数字化实现低碳转型

4.3.1　转型背景

法国电力集团（EDF）（简称法国电力）成立于 1946 年，是法国最大的国有电力企业，也是全球最大的核电运营企业，主营业务覆盖电力行业全环节和天然气领域。受国家电力体制改革、业务领域扩张、整体国际形势变化等因素综合影响，法国电力自 1990 年以来，经历了国际化、市场化和低碳化三次转型，造就了如今在核能、热能、水电和可再生能源方面具有世界级工业竞争力的大型企业、能源转型的领军企业之一的地位。法国电力逐渐发展拥有超过70家子公司和分支机构，投资遍布世界各地，为全球近4000万用户提供能源服务。伴随着数字经济、技术的不断发展，法国电力在转型过程中将信息化、数字化、智能化的思想逐步融入战略转变中，结合基于核电、水电、新能源的多元化电力结构，法国电力致力于为客户提供包括电力投资、工程设计以及电力管理与配送在内的一体化解决方案，逐步转向更加以市场为导向、以技术为驱动的大型综合能源生态型企业。

4.3.2 数字化转型战略分析

面对环境保护和气候变化的严峻挑战，法国电力积极采取行动，进一步加快能源转型。2020年5月，法国电力进一步明确企业使命，确定了未来30年的发展方向，通过创新型的方案和服务，构建碳中和的能源未来，保护地球环境，促进人类福祉和经济发展。

法国电力2030年战略中确立了三大业务重心：一是贴近客户，积极创新，为客户提供新型的、有竞争力的分布式解决方案，提供个性化能源服务，以及智能电网升级和应用；二是低碳发电，通过加速发展可再生能源，并保证现有及新建核电站的安全可靠运行，从而达到更为平衡的低碳发电结构；三是拓展国际业务，进一步发展和优化低碳能源方案。

（一）战略内涵：多元电力结构下数字化解决方案先行者

法国电力在2018年3月召开了集团数字化转型路线会议，确定了四条转型方针，即法国电力客户关系数字化转型、法国电力产业发展、法国电力内部运营管理、基本的IT系统和技能。

法国电力发展形成了基于核电、水电、新能源的多元化电力结构，致力于为客户提供包括电力投资、工程设计以及电力管理与配送在内的一体化解决方案，业务几乎涉及电力系统的所有行业。集团应用综合性的发展模式，对上游资产组合（生产、能源和燃料采购）和下游资产组合（大宗销售和市场投放）

进行管理，确保对客户的能源供应并达成最优化的利润。

（二）战略重点：以提供解决方案为利润增长点，做精衍生服务

除了能源运营本身外，法国电力的业务还涵盖电力销售、能效管理和能源大宗贸易等各个环节，甚至包括电力投资、电力工程设计以及电力项目管理与电网配送在内的一体化解决方案，旨在为居民、专业客户、公司企业、城市或区域提供集成解决方案。

在欧洲经济持续低迷的情况下，中国市场无疑更具吸引力。除了技术输出协助建设广东台山的核电机组外，法国电力正在结合属地能源需求，发挥自身优势，与中国政府开展密集合作，包括在河南三门峡市与大唐合作的供热系统、贵州双龙航空港经济区热电冷三联供及配套管网项目、在三亚海棠湾的集中制冷及生活热水供应区域能源系统等。不难猜测，法国电力将以在中国的示范项目为出发点，进一步扩大其在中国的业务布局，从而达到从重资产向轻资产转型的目的。

（三）战略特色：依靠数字化服务实现 CAP2030 战略

基于能源低碳化发展加速和政府对绿色能源增长的支持，结合发挥自身核电优势，法国电力发布中长期技术研发战略（2030 年），以能源服务、低碳发电和国际业务为重点方向，积极布局太阳能、储能和电动出行三大领域，发展成支持低碳增长的高效和负责任的电力公司。能源服务方面，法国电力借助技术和模式创新，向家庭、企业、地方政府提供市场化能效解决方案和个性化绿色能源服务，面向家庭客户提供能源消费监控解决方案、用能特征模拟、节能环保设备、创新市场化用能价格等服务，帮助和引导用户了解自身能耗，养成正确的能源消费习惯，降低客户能耗水平；面向企业客户提供定制式能源合同、能源预算优化、故障协助服务、能源解决方案等服务，共建未来工厂；面向地方政府提供低碳建筑、城市微网、可持续交通等领域的创新式、定制化能源解决方案，积极参与建设低碳城市相关项目，成为地方政府的天然合作伙伴。

4.3.3 数字化转型实践

（一）业务：积极拓展新业务，注重业务孵化

法国电力不断加大可再生能源等新业务的投资力度，平衡核电与可再生能源发电比例。2011 年收购可再生能源发电公司 EDF Énergies Nouvelles，2012 年设立 Electranova 创投基金，着力发展能源服务子公司 Dalkia、Edelia 等，协助客户改善能源使用效率，并加深电网数字化，打造智能电网，助力智慧城市。2017 年在集团创新战略规划部下增设创新业务管理机构，作为初创公司孵化器，重点关注能效管理、智能家居、能源云、城市可持续发展等方向。对成功孵化的初创企业，法国电力将考虑与之成立合资公司或并购为下属子公司，纳入公司生态。初期在全球业务内应用，提供应用场景及初期市场，后期协助推广至公司客户或合作伙伴。

（二）管理：运营管理协同提升效率和服务水平

法国电力通过更新用户服务设备提升服务质量和效率，例如新增电话接听服务、网络服务、信息服务平台等，以更新颖的服务手段和更流畅的服务体验增强用户对电力企业服务的满意度。同时雇佣和培训新的销售人员，依托服务平台为企业用户和家庭用户提供安心的服务。

（三）技术：综合能源服务系统赋能价值创造

法国电力借助新兴数字技术及先进的能源技术，打造智能电网，实现数字化转型，提升现有业务水平。

提升设备资产数据质量。收集设备运行状态数据，面向多业务部门提供决策支撑。项目开始至 2020 年，法国电力已完成 3500 万个智能电表和 60 万个集中器的安装与更新，并以新一代智能电表 Linky 为战略发展核心，牵动电动汽车、智能城市、客户服务等发展。

打造成熟的大数据架构和丰富的大数据应用。构建公司级大数据中心，有效管理并应用海量用户数据，辅助各区域制定本地化营销服务策略，避免用户

流失，每年可带来超3000万美元的效益；建立一套完善的用户数据分析模型，包括客户投诉分析、客户分群和账单分析模型等，全面优化用户全流程体验，两年来实现投诉量下降约30%。注重科技创新，实现科技与业务的融合发展，持续培育新型优势。

系统性规划数字创新技术研发路径。一是发挥战略引领，制定中长期技术研发战略（2030年），聚焦智能电网、智慧用能及可再生能源三大战略领域，以智慧城市、储能技术、电能替代等六项技术为重点研究与开发方向。其中，法国电力认为储能、光伏及电动汽车是塑造未来能源系统的关键，将持续增加在储能方面的研发投入，并组建新光伏研发中心。二是制定清晰的研发策略，约2/3研发费用用于支撑集团各业务板块及下属机构发展，约1/3研发费用于前瞻性和基础性技术的研究与开发。三是建立多元研发体系，成立10个跨国内部研发中心、15个联合研究室，联合众多外部学术机构、行业合作者等打造“大创新中心”，促进协作创新的同时，打造可靠的合作伙伴关系。

4.3.4 相关启示

法国电力通过数字化转型，在电动出行、智慧能源、智能电网、氢能等前沿领域作出了积极探索，并融合大数据、人工智能、区块链等尖端技术开发新的服务和商业模式。总结法国电力的数字化转型发展实践，可以得到如下启示：

一是综合能源方面，以电为主注重多种形态应用。电网企业应推动集中式与分布式并举的能源接入模式，强化源网荷储协同，聚焦多站融合，提高能源综合利用效率。法国电力持续推进清洁用能，加快清洁能源发展和电能替代、节能改造等业务发展，积极参与绿证、碳交易等绿电市场建设，联合网络运营商、水电气等公用事业单位推行“四网融合”“三表集抄”，发挥电网的智能化、数字化、终端化优势，构建能源生态圈入口。

二是综合服务方面，关注以市场需求为导向的整体解决方案。优质的服务是拉近与客户距离的黏合剂，是深入市场的切入点，是增强电力“获得感”的支点。法国电力从用电前、接电过程中、到用电后，以客户需求为中心，整合各方资源，为客户提供涵盖用能全过程各环节的多样化选择。能源电力企业在优化电力营商环境中应践行“放管服”精神，推行“三零”服务，让办理接电像“网购”一样便捷，促进信息公开透明，全程像“快递”一样线上可查。同时发挥平台作用，对接供给与需求、技术与市场，为行业内各参与主体提供更多的商机，促进能量流、信息流、价值流“三流合一”，成为客户的综合能源服务整体解决方案伙伴。

三是数字电网技术方面，强化现代电力服务的新型竞争力。在打造灵活、坚强、可靠网架的同时，部署各类物联网边缘计算设施，构建贯穿电网建设、生产、运行、管理的全过程数字化模型。法国电力通过建设智慧计量管理体系，开展高级量测应用，筑牢硬联通和软联通基础。以数据统计精度、分析深度、应用广度的不断拓展，支撑智能电网、优质服务、精准营销、经营管理等大数据应用。我国能源电力企业应充分发挥好“新基建”政策优势，依托数字技术更好地输出数字经济服务能力，深度参与电力＋政务服务、社会治理、经济分析等，实现工业互联网数据的开放共建、生态共治、价值共享。

四是创新资源应用方面，注重以机制优化增加灵活性。身在传统行业的能源企业进行数字化转型的创新活力和市场上其他科技企业相比略有不足，需要通过机制创新吸引内外部优势创新资源的参与。法国电力通过收购、投资、合资等多种方式来吸引和培育技术创新、业态创新、模式创新的新资源，打造能源创新生态圈，形成良性的创新闭环。我国能源企业大多为国有企业，数字化转型的创新活力较为薄弱，应设立灵活的机制，综合应用多种方式来推动内外部的创新协同，加强数字化转型和市场需求的对接，聚焦实用实效，做大创新生态圈，打造可持续新动能。

4.4 英国国家电网公司依托数字化助推“零碳”目标

4.4.1 转型背景

英国国家电网公司（National Grid，NG）是英国最大的能源与公用事业公司，成立于1990年，资产达149.3亿美元，致力于电力和天然气的传输和分配。受企业经营状况和政府监管环境变化的影响，近年来，英国国家电网公司已经开展了拓展天然气业务、开拓国际业务、优化业务布局等多次转型。

近年来，化石能源发电迅速被可再生能源取代。英国国家电力系统运营商（ESO）的报告指出，到2025年，只要有足够的可再生能源并网发电就能满足英国的电网将能够“安全可靠地实现零碳排放”这一目标。2019年零碳电力占比首次超过化石能源发电，这将作为一个明确的信号，表明随着越来越多的可再生能源接入电网，能源格局正在发生改变。

4.4.2 数字化转型战略分析

为响应英国政府提出的《英国数字化战略》（UK Digital Strategy 2017），英国国家电网公司逐步推动建设数字化基础设施，发展数字化业务，帮助英国企业数字化转型，实施数字化治理，培育数据经济。伴随着英国2050净碳目标的提出，英国国家电网公司开始致力于将数字化转型与能源绿色低碳发展相结合，其最新发展战略主要集中在数字化加速低碳及零碳业务发展方向。

（一）战略内涵：数字化助力能源系统脱碳

英国国家电网公司专注于寻找能源系统脱碳的方法，包括建设互联网络，让英国与欧洲邻国分享清洁能源，投资美国的可再生能源发电，通过依托数字化手段与脱碳、净碳项目相结合，利用人工智能技术帮助平衡英国的电力供需矛盾，并优化整个电力系统，打造低碳高效的能源消费系统，为人们提供生活所需的清洁能源。

（二）战略重点：依靠数字化转型实现脱碳

英国国家电网公司在减少排放方面也取得了良好进展——自 1990 年以来减少了 68%。这大大超过了最初定下的 2020 年 45%的目标。

英国国家电网公司将支持服务社区脱碳，全面转向更清洁的能源解决方案。通过电网现代化和提高灵活性，建立一个完全脱碳的电网，并快速有效地连接可再生能源，包括：坚持清洁能源创新，投资家用太阳能和电池存储供应商；参与竞争性能源传输项目，建设丹麦和英国间 700km 的大型海底电缆；发展大规模可再生能源，收购风力和太阳能发电企业；投资碳捕集、利用与封存（Carbon Capture，Utilization and Storage，CCUS），在英国建设大规模 CCUS 网络和制氢设施。

英国国家电网公司将在天然气脱碳方面处于领先地位，投资于一系列解决方案，如可再生天然气在英国国家电网公司的网络中混合氢气和碳抵消。英国国家电网公司将使交通脱碳成为可能，建立灵活的电力网络，并支持充电基础设施。

（三）战略特色：即时连接项目连接绿色能源系统

即时连接（Connect Now）项目的灵感来源是电力连接客户的一站式目的地，他们可以在那里研究连接的地点和方式，然后实时跟踪项目进度和相关财务。仅在 2018—2020 年三年中，清洁能源连接请求增加了四倍，主要来自太阳能、风能和电池等可再生能源和绿色能源。这一转变使清洁能源系统互联，为助力推动能源系统脱碳和帮助英国到 2050 年实现其净零排放目标的旅程中向前迈出一大步。即时连接项目的实现依赖于高速、迭代的解决方案，这意味着连接系统可以快速构建、部署、获得反馈和改进。英国国家电网公司正在探索更多使用数字技术来帮助自动化连接过程的方法，致力于简化连接过程，使得客户可以自己完成连接。在收集更多关于英国国家电网公司网络的数据，以便可以为客户提供更准确的成本范围之后，下一步目标是将系统的内部报价和开发流程完全数字化。

即时连接项目仅仅是依托数字化转型支持净零之旅的一个小例子，更要注意到的是，从建造巨大的海底互连器（高压电缆），使其能够与欧洲的邻国共享能源，再到像这样的数字开发项目，无一不显示出英国国家电网公司正在创新以帮助改变未来的能源系统。

4.4.3 数字化转型实践

（一）业务：签订战略协议，数字化升级助力脱碳

英国国家电网公司下属电力传输公司（National Grid Electricity Transmission，NGET）与电力潮流控制技术公司 Smart Wires 签订了为期五年的框架协议，致力于帮助英国电网脱碳，使更多的可再生能源电力能够高效地输送给客户。

NGET 通过更好地利用其现有网络，使用模块化电力潮流控制技术来提高电力传输能力。随着连接到该网络的发电量和需求量的变化，网络上的电力潮流也将变化，电路可能会变得负载不均。一些电路达到最大容量，而另一些则远远低于其极限。通过安装电力潮流控制器，NGET 可以为电力系统运营商提供工具，迅速减少限制可再生能源发电的拥塞，同时把对社区和环境的影响降至最低。

Smart Wire 电力潮流控制设备使公用事业公司能够提高当今基础设施的效率和弹性。该技术的模块化特性意味着它可以快速安装且易于移动，从而提供了宝贵的灵活性。NGET 可以根据网络的发展需要调整技术的推出。

（二）管理：数字化落实于组织架构管理和服务过程管理

组织能力提升。在未来十年，英国国家电网公司将继续以更快、更智能的

方式预测和适应变化，保持在工程和资产管理的前沿，创新更可持续的能源解决方案。英国国家电网公司正努力通过有效的改变释放长期价值，加强对客户的关注，增强商业优势；通过人工智能使地下基础设施可视化、给工作人员配备平板电脑和智能手机等手段，实现流程和系统的数字化转变，提升管理和工作效率。

数字化人才队伍建设。英国国家电网公司将建立多元化和包容性的团队，吸引优秀数字化人才，强化团队数字化思维建设。通过优先考虑员工数字化能力培育和个人发展方向，英国国家电网公司帮助员工认清能源领域现在和未来的发展方向，以团队整体素质提升面对加速到来的能源转型。同时，英国国家电网公司还联合拥有碳减排计划的社区，为 45 000 名低收入背景的年轻人创造就业机会。

（三）技术：使用数字化技术来释放额外电力容量

位于英国部分地区的变电站的电路已达到容量，但周围的电路仍低于其极限，这种情况被认为是可再生电力流的瓶颈。英国国家电网公司借助来自美国的新技术“智能电线”（Smart Wires），将电力输送到有容量的电路，最大化现有网络容量，解决电力容量释放的问题。

智能电阀（Smart Valve）是一种基于电力电子的智能设备，能够积极平衡输电线路上的电力流动。简单来说，智能电阀可以将电源从过载的线路上推下，或将电源拉到未充分利用的线路上，实现对电力流向的控制。英国国家电网公司已经将智能电阀应用于英国 3 个变电站的 5 个回路上，通过电阀的自动控制或网络运营商主动控制，达成均衡电流的效果。通过把通信设备安装在变电站控制室，将智能电阀连接到数据采集与监视控制系统，实现监控和数据采集，从而电力系统运营商（ESO）可以从遥远的控制中心操作每个变电站的智能电阀。

这项新技术释放了 15 亿 W 的电力容量，足够用可再生能源为 100 万个家庭供电。它将为电力系统运营商配备正确的工具，以迅速减少可再生能源发电网络的拥堵情况。

4.4.4 相关启示

英国国家电网公司将数字化实施策略与低碳化、市场化、高效化能源转型紧密结合，依托智能化手段和互联网思维充分激发企业在各项脱碳任务中的创新创造活力。对于电力行业以及其他行业的战略转型而言，具有重要的借鉴意义。

一是以数字化作为加强能源电力零碳发展的重要手段。英国国家电网公司以实现零碳发展为数字化转型的核心目的，依托各类数字化设备（如电力潮流控制设备、智能电阀等）作为提升电网运行弹性的方式，加强与其他国家的联网与互动，通过数据采集分析提升新能源的消纳水平。此外，英国国家电网公司从更大范围来认识数字化转型对零碳转型的作用，将电网的绿色转型和交通、电信等其他行业有效协同起来。

二是以数字化转型推动能源利用效率不断提升。英国电网面临居高不下的电网平衡成本，促进需求响应或储能等灵活发电技术走向市场，利用高效率能源转换技术、需求响应、用户侧能源管控等技术提供综合能源服务，开展能效诊断、节能改造，综合能源一体化供应业务，减少能源损耗，提升能源系统整体效率。

三是做好监管业务与非监管业务的隔离。在参与市场化改革方面，英国国家电网公司根据政府电力体制改革要求积极调整相关业务和组织，充分发挥专业技术优势，服务电力市场建设，积极适应监管要求。坚持监管与非监管业务领域做到实体隔离、业务隔离、资源分类管理，保持公开透明是英国国家电网公司应对政府监管的主要经验。实体隔离方面，成立单独的电力传输公司NGET，进行独立运作和决策。业务隔离方面，NGET公司业务界限明确，不经营非监管业务，服务定价统一，不存在交叉补贴。定期发布合规报告，接受监管机构（Ofgem）审核。

4.5 小结

本章选取综合能源、电力等相关典型企业，详细阐述数字化转型战略部署和实施落地情况，提出了借鉴启示。综合来看，面对数字经济发展的重大机遇，数字化转型已经成为应对能源电力企业创新发展的重要选择。

一是清洁化、低碳化成为能源电力企业业务转型的主要方向。综合能源企业更注重多元能源系统构建，并在此基础上加大清洁能源投入，重视系统整体的协调性以及绿色可持续性。电网企业通过加快建设智能电网等智慧能源网络，不断提高系统预测能力、调节能力、响应能力、自愈能力，实现整个系统对清洁能源的充分消纳。国内外能源电力企业普遍对储能技术、氢能相关技术加强投资，是当前电力企业绿色低碳转型过程中普遍关注的重点技术。

二是能源开发及利用效率提升成为能源企业数字化转型的重要方向。化石能源生产企业在化石勘探、开采、维护和转换环节，依托数字化技术以及工具，协助信息的精准获取，进一步提升安全性。能源企业依托数字化转型不仅能够预判挖掘可采资源潜力，还有助于预防性维护、提升故障处理效率、减少机器设备意外停机和降低经营风险，降低甚至消除煤炭开发过程中透水、瓦斯爆炸、塌方等安全隐患，提高机组发电效率，提升能源利用率。

三是智能化、智慧化成为能源电力企业业务转型发展的重要手段。当前基于大数据、云计算、物联网、人工智能、移动终端、虚拟现实等先进信息技术的新型能源生产与消费模式逐步开始推广应用。在电力领域，数字化技术将发电、电网、储能和用户联系在一起，智能电厂、智能电网、智能供能、智慧城市、智慧能源管理等概念广泛传播并开始项目实施。在油气领域，数字化、智能化、虚拟现实（VR）等新技术正在重塑油气行业，数字油田、智慧管网、智能炼厂、区块链交易、能源互联网正在成为能源行业转型发展的引擎。

四是国内能源电力企业还应加强以数字化转型推动低碳转型。对比国内外能源电力企业数字化转型路径及目标，法国电力和英国国家电网公司的数字化转型策略均向低碳化倾斜，转型战略目标也均瞄准碳减排和碳中和。外国能源电力企业多以能源服务、低碳发电和国际业务为数字化转型的重点支撑方向，积极布局数字技术在太阳能、储能和电动出行三大领域的应用，致力发展成支持低碳增长的高效和负责任的能源电力企业。我国能源电力企业虽也在清洁能源上有相关举措，但还是欠缺用数字化转型加快推动新型电力系统建设、加快推动“双碳”进程的全面布局，这已经成为我国能源电力企业当前数字化转型要解决的首要问题。

5

科技企业创新推动能源数字化转型

近年来，能源产业从重资产投入的传统生产型业务，加速向低碳、清洁能源、综合能源服务、能源数字化等方向转变，能源科技创新不断涌现。我国互联网和科技公司充分利用自身在大数据、人工智能和数据应用方面的优势与能源行业共同推动大数据、人工智能等技术在能源行业的应用，助力能源电力企业在“碳达峰、碳中和”目标下，抢抓数字化转型的历史机遇，携手建设世界一流能源企业。诸多大型能源企业已开始与高科技公司进行合作，将数字化技术广泛应用于能源的生产、运输、交易、消费及监管等业务环节。

5.1 华为公司新 ICT 强势赋能能源数字化转型

在推动能源企业数字化转型的过程中，华为公司瞄准数字革命与能源革命深度交融的发展契机，将多年的技术积累、业务经验融合助力能源电力企业数字化进程，为能源行业打造了多个智能化解决方案，助力能源行业整体数字化升级，让企业提供更智能、更低碳的服务，引领能源数字化转型，建设绿色智能世界。

5.1.1 推动新 ICT 产业发展，助力能源互联网建设

在机械化、电气化和自动化之后，人类社会将迎来以智能化为代表的第四次社会变革，未来社会中的设备都会趋于智能化。物联网、云计算、大数据日趋成熟，能源行业正面临一场由互联网技术和智能化技术所带来的深度变革。华为趁势而上，定义了新 ICT，I 是代表智能，C 代表连接，T 代表数字平台，即通过提供无处不在的连接，无所不及的智能，以及一个数字平台来助力能源企业实现能源互联网建设。

（一）新 ICT 赋“智”电网

华为提出“新 ICT，比特驱动瓦特”的理念，以瓦特云化、光随电走、物

联增值等价值主张，致力成为能源互联网建设的最佳合作伙伴和一站式ICT提供商。目前华为的ICT技术已经渗透到了煤、电、油、气等能源行业的各个环节，根据能源行业的特点，华为分别推出了数字油田、全连接电网、智慧矿山等解决方案。

华为针对电力行业成立了电力系统部，这是面向中国市场成立的销售与服务部门，涉及发电、配电、电网等多个细分领域。而且，凭借强大的研发实力和快速反应能力，华为在能源电力行业的市场推广方面都取得了非常大的突破。在电力领域，分别与南方电网公司、四方股份、东方电子、积成电子等能源电力企业签署了战略协议，依托新ICT技术推动电力行业数字化转型。

以南方电网公司为例，配网、用户侧需要具备广连接、高带宽、低时延、高可靠性、部署快等特点的电网通信，才能确保配网智能化、抄表智能化，以及未来智能家居、车联网的发展趋势。华为利用先进5G切片等技术，能实现智能电网端到端的通信，不仅保证了配电网的安全性、可靠性，还极大地提升了效率。

（二）加强投入、持续创新，服务国家电网公司发展战略

为适应能源互联网建设需求和发展节奏，华为联合国家电网公司创新打造了面向5G的无线专网解决方案，深度适配能源行业要求，并率先引入了上行免授权（Grant-Free）、空口分片等关键5G技术，充分释放了5G技术在电力行业的应用潜能，满足能源互联网的建设和发展需求。

华为提出还将持续加强投入，与能源电力企业开展深入合作，持续创新，引入更多5G关键技术，不断提升解决方案竞争力和业务支撑能力，满足能源互联网的发展新需求，服务电力企业数字化转型。

5.1.2 聚焦数字能源，能源数字化产业全面升级

面对大数据、大流量、大能耗的时代挑战，华为数字能源聚焦通信能源、

数据中心能源等领域，引领能源数字化，建设绿色智能世界。华为注资 30 亿元成立数字能源公司，提供包括从固网到无线的全场景智能站点、从边缘到云的智能数据中心等全面满足 ICT 行业应用场景的能源解决方案，帮助电信和铁塔运营商实现绿色高效、安全可靠和智能营维，支持 ICT 网络向 5G、全云化平滑演进。

华为数字能源业务范围涉及光伏、电力、新能源汽车等多个行业，包括在线能源计量技术研发，电力行业高效节能技术研发，新兴能源技术研发，能量回收系统研发，软件开发，节能管理服务，太阳能发电技术服务，光伏设备及元器件制造，新能源汽车电附件销售，插电式混合动力专用发动机销售等。

在未来规划中，华为将重点围绕六个方向持续创新和开放合作。一是将电力电子技术与数字化技术相结合，实现“比特管理瓦特”，推动能源行业数字化转型；二是构建以风光储为主力的清洁能源发电系统，打造以新能源为主体的新型电力系统；三是在用能侧推进交通行业的全面电动化，解决充电快捷性、续航里程、安全顾虑等当前消费者关注的问题；四是围绕零碳站点、零碳数据中心，打造零碳、高效、智能解决方案；五是打造智能储能系统，通过云电池管理系统（BMS）对电池的全生命周期智能化管理；六是构建能源云，提供源网荷储以及多能互补的综合智慧能源服务平台，实现“风光发电、储能、充电、工业与建筑节能、站点与数据中心节能、配电网”等场景的智能管理，将能源“发送配用”数据打通，服务全球能源客户。

5.1.3 加速低碳产业布局，构建零碳全场景解决方案

面对“双碳”目标要求带来的巨大商业机会，华为发挥数字技术与电力电子技术这两大领域的优势，着力发挥低碳化、电气化、智能化在实现碳中和中的关键作用，融合信息流和能源流，加速能源数字化，推动零碳智能社会的建

设。围绕“1 朵云+4 个应用场景+5 大核心技术”，构建零碳全场景解决方案，加速能源结构转型以及各行各业节能降碳，助力实现零碳城市、零碳省份，最终实现碳达峰、碳中和。

具体来看，“1 朵云”指通过一朵能源云，打通“发储配用”端到端智慧管理。“4 个应用场景”是指“零碳发电、零碳 ICT 能源、零碳出行、零碳园区”四大应用场景解决方案。“5 个核心技术”则指的是通过 5 大核心技术，将数字技术和能源技术相结合，打通能源流和信息流，构建一个零碳全场景解决方案。

零碳全场景解决方案如图 5-1 所示。

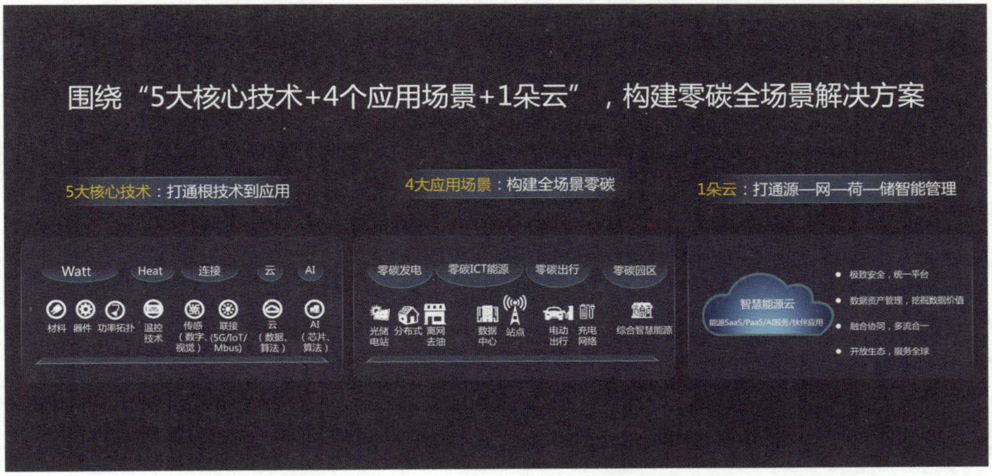

图 5-1　零碳全场景解决方案

（一）零碳发电——全场景光储解决方案

华为提出全场景智能光储解决方案，助力光伏从补充电成为主力电，进入千行百业、千家万户。

大型光伏电站解决方案，利用±1500V 双极组串，降低光伏电量成本，使其低于火电、核电和风电。另外，随着新能源的持续接入，对电网形成了一定的冲击，对电网并网能力提出更高的诉求，因此新型的储能电站应运而生。华为运用电力电子技术，对储能系统进行智能控制，实现安全可靠，降低发电成本。

行业绿电解决方案，通过组串式储能加光伏，可实现25年节省电费2000多万元，同时通过智能直流电弧防护保障安全。而家庭绿电解决方案，则把光伏带入千家万户，采用创新1＋3＋X结构，以及AI光储，实现100％自发自用，并利用智能光伏控制器及组件优化器，使发电量提升30％。

华为智慧综合供能解决方案，利用光储去油，解决一些无市电或者差市电的海岛、山区、农村等偏远的区域，用电难以及用能成本高等问题，从而消除能源鸿沟。

青海省共和县建造了全球最大的单体电站，总体容量2.2GW，利用智能IV诊断，20min完成百兆瓦电站扫描，大量减少人力。华为南方工厂屋顶电站，每年节省电能超过2000万kW•h。东莞某家庭，采用24h绿电解决方案，一年发电超过3万kW•h，比传统方案多发电30％，同时采用的光伏控制器可主动预测安全问题，保障屋顶安全。

（二）零碳ICT能源——零碳站点和零碳数据中心

随着5G的到来，人们享受到了数字世界带来的便利，但其基础设施面临着不可忽视的能耗挑战。以中国某客户为例，2021年预计企业运营支出将增加12％，其中52.42％来源于电费增加。面对这些挑战，华为提出了零碳ICT能源解决方案，来解决ICT领域高能耗问题。

零碳站点通过重构站点形态，帮助通信网络节能降碳。广东移动深圳、东莞、汕头极简站点200站，每年节省电费约400万元，节省租金约400万元；希腊绿岛项目采用绿色站点解决方案，引入绿电和极简站点，每年节省电费超过51％。

数据中心的挑战是建设周期长、能耗高，10年生命周期中电费支出占比约60％。华为提出以“模块化＋智能化”的方案来重构数据中心，快速打造绿电算力底座。深圳某国家实验室采用预制化全栈建设方案，将PUE降低至1.25，每年节省电能 350 万 kW·h。

（三）零碳出行——智能电动和智能充电网络

零碳出行解决方案，华为发布了高压充电的解决方案，加速汽车产业电动化进程。其中，电驱动系统使续航能力提升 9.5%，如 600km 的 B 级车，比传统的多跑 57km，同时可以实现 35min 100%快充。

（四）零碳园区——综合智慧能源解决方案

零碳园区解决方案，实现绿色发电，高效配用电，以及智能储能和智能调度，以此来构建零碳智慧园区。绿色发电采用光伏建筑一体化的解决方案，加上智能光伏、优化器，实现零碳发电，同时通过智能储能，降低度电成本。另一方面，利用配电网系统，提升用电效率，通过 AI 调优使数据中心、建筑等能效达到最优，使综合能源系统的用电成本更低，用电效率更高。

华为重视合作，能够利用技术优势，让模块电源助力千行百业产业升级，同时，让更多的能源电力企业基于华为能源云的系统，开发不同的应用，共创能源系统，并与标准组织、产业组织和产品解决方案组织合作，共建能源健康生态。

5.1.4 开拓云上能源服务创新，赋能传统产业转型升级

信息化、数字化是能源革命大势所趋，2021 年，数字化变革正在被推向下一个转折点——从全面上云到云上创新。华为云结合先进算法、充足算力和行业专家经验，基于工业智能体，与能源企业联合创新，以技术智变，加速传统产业“质变”。

（一）综合能源服务

现有的综合能源服务平台大多存在用能数据缺失，重建设，轻运营，用户需求响应不及时，多场景接入复杂等业务挑战。华为云助力综合能源服务商，基于华为云平台、为服务的用能企业提供包括数据采集、能效诊

断分析和优化等服务，以及为政府主管部门提供具备能耗监管、用能权交易和节能减排等功能的基础信息化平台，大大提升能源服务质量和用户体验。

华为云协助国网江苏综合能源服务有限公司打造“能源 e+”平台，以客户为中心，以客户需求为导向，致力于构建清洁低碳、安全高效的现代能源综合服务体系，为客户提供一站式综合能源服务。通过华为专属云解决方案，“能源 e+”建设能源管理、能源交易、互动平台、产业平台四大板块，搭建先进、智能、专业的综合能源服务平台，精准把握客户需求，灵活定制能源解决方案，有力提升客户综合能效水平。同时，“能源 e+”积极探索能源服务新模式，让更多行业可以享受到放心、高效、优质的能源管理服务。

（二）油气勘探开发

油气勘探开发作为油田的核心业务，近年来华为率先实现云化应用，有效支撑低油价环境下企业的快速转型和提质增效。基于云计算的发展模式，华为助力油气企业改造和整合现有基础信息设施，围绕勘探开发业务发展需求，建立统一管理、优化配置、自动调配的物理、虚拟资源池；高效利用大规模物理计算资源，建立勘探开发数据处理解释应用环境。

针对油田行业在勘探开发场景面临的安全防护手段薄弱、系统老旧性能低、维护压力大、无法聚焦核心业务等挑战，华为云专属云 BMS 裸金属服务器服务，协助客户部署勘探开发 HPC 集群，减少初期投入。通过服务方式采购实现无需运维快速应用，使企业聚焦于核心业务，实现业务分区，通过分区设计生产类业务与创新业务，由相互独立的硬件资源池来承载，避免相互干扰；高速互联，与客户现有数据中心专线互联，满足数据高速交互要求；等保合规，专属云提供主机安全、数据加密、堡垒机等服务，满足油田行业安全合规要求。

5.2 京东“互联网+”驱动能源电力企业管理智能化升级

作为具备实体企业基因和属性、拥有数字技术和能力的新型实体企业，京东在持续推进各项实体业务的同时，向能源电力企业分享数字化转型举措经验，为实体经济和数字经济的深度融合提供有力支撑。京东依托数字化举措为新型实体企业的效能增长服务，持续推动稳定、大规模的高质量就业，为能源类大型企业的数字化转型升级、中小微企业的降本增效提供支持。其依托数字化技术改进升级工业品供应链技术与服务的业务单元，“以实助实”服务能源行业等实体经济产业的供应链数智化。

5.2.1 深化能源“互联网+”合作，共探能源产业转型之道

京东通过深化与能源电力企业的“互联网+”合作模式，帮助企业优化能源资源配置、提供智能能源服务。京东曾与“三桶油”“两张网”以及多家煤炭集团合作，通过业务升级、模式创新等手段协助能源电力企业降本增效，实现创新发展，强化传统能源产业内核与互联网技术、思想融合，实现降低运营成本，增强物资保障能力，提升组织绩效，推动管理变革和运营模式创新。

（一）聚力智能采购，深化两化融合提升能源电力企业物资管理

通过发挥“互联网+”思维优化管理，京东把信息技术融入能源电力企业生产和管理等全业务、全流程的实践中，拥有良好基础。依托京东成熟的电商平台模式，连接和调动内外部资源和能力，强大的科技力量、大数据支撑、物流体系等全产业链、多模块服务能力，可以从能源电力企业采购的源头技术上理顺厘清各个利润实现点，开拓能源电力企业“第三利润源”，助推企业运营模式的整体跃升与转型。

在京东平台的助力下，京东企业购通过大数据技术为能源电力企业在营销

场景带来较大的变化。中国石油陕西销售公司零售网络引入京东的商品、供应链、交易、物流、会员和营销等多种电商模块，升级为智能供应、智能运营和智能消费的线上线下一体化平台。京东的品牌专区和专柜也入驻其线下1000多家便利店，消费者在京东网上购买汽车服务产品后，即可以在中国石油加油站享受多元化、专业化的服务，也可以网上订单、线下取货，实现“互联网＋销售＋服务”的全渠道零售商业模式。

如今，这些智能化应用已从油气行业拓展到其他能源领域。早在2017年年底，京东企业购成为中国国电集团公司（简称国电集团）打造的“国能e购”网上商城首批合作供应商，将应用物联网、无人技术、人工智能、金融创新等优势能力，配合国电集团构建敏捷响应、精准配送、可视可控可追溯、全程安全的合作体系，在能源物资采购智慧管理方面发挥了明显支撑和引领作用，有效提升了物资采购效率效能，强化了央企采购管控力度，开创了一条颇具意义的转型升级之道。

（二）推进产业链互补，多场景物资管理模式升级

京东企业购与能源电力企业的合作，已覆盖石油、石化、煤炭、电力等多个细分行业，能够覆盖办公及员工福利采购、非油业务、营销业务创新等能源企业物资采购改革的核心场景。

能源电力企业大多具备体量大、资产重、地域覆盖广、集中管理难等特点。以煤炭企业为例，在原有的采购模式要通过不同的供应商进行采购，物资到货后统一集中在集团仓库。因此受采购周期长、流程多、结算方式复杂等因素影响，严重影响经济效益。针对这一系列难题，京东企业购通过智能采购解决方案为其进行定制化服务，合作搭建智能采购平台，输出商品、仓储、物流、配送、售后等核心业务模块能力，打造商品丰富、物流快捷的企业级采购服务，满足企业多场景采购需求，实现电子商务与物资管理的创新融合。

（三）技术赋能产业升级，提升能源产业综合竞争力

在能源领域，京东充分发挥强大的技术、资源、数据和服务能力，采用京

东智能采购等解决方案进行供应链管理推动实体经济＋互联网经济创新融合，针对能源电力企业采购场景特有的多元化、复杂化特征，从前端的采购平台搭建，到后续的履约流程设计，以及全流程信息流的打通，满足高效采购需求，助力其快速完成采购全流程电子化改革。

提升产品服务质量方面，通过京东平台积累的消费数据和用户行为画像，让能源电力企业在开展非传统业务中实现智能决策采购，并通过采购数据和物流能力帮助实现不同区域的个性化配送，实现配送效率极大提升，同时能更好服务客户，提升客户黏性，开拓新兴业务场景能力。

数字化技术应用方面，京东在物联网、云计算、大数据、人工智能等新一代信息技术的创新和发展，将为能源电力企业数字化转型提供助力，围绕石油、煤炭、天然气和电力企业改革需求实现资源整合，通过协调规划、优化运行、协同管理、交互响应和互补互济，在满足多元化需求的同时有效提升企业能效，促进建成可持续发展的新型一体化能源系统。

5.2.2 战略布局新能源，助力国家碳减排

（一）开拓能源产业新赛道

在全社会能源转型、能源用户侧结构性改革、可再生能源消纳责任权重机制及“碳达峰、碳中和”目标等政策的大背景下，京东联合天润新能成立新能源合资公司，开拓新能源市场，探索在源网荷储、综合能源解决方案、绿色智慧园区、绿色城市与“碳中和”园区打造等共同关注领域的创新突破。

双方强强联合，依托在用户资源、新能源整体解决方案的经验积累，重点专注负荷侧分布式清洁能源业务的开发、建设、投资与运营。并在此基础上，提供节能解决方案、综合能源服务、低碳绿色解决方案及智慧能源管理等服务。在第三次能源革命的契机下，京东强势迈入新能源新赛道，为全社会绿色、可持续发展贡献力量。

（二）开拓能源布局新模式

京东顺应国家能源发展要求，进军光伏行业，依托起源于物流链绿色发展的“青流计划”，将光伏作为清洁能源重点布局的领域之一。早在2017年初，京东就与北京清洁能源控股集团（简称北控）达成协议，由北控为京东800万m^2未利用屋顶，量身定做一套新能源开发及支持扶贫事业开发方案，在京东物流800万m^2屋顶建设800MW分布式光伏发电系统。项目落地后，相当于京东每年为社会减排二氧化碳80万t，建设燃煤消耗30万t，植树1亿棵；同时项目累计6亿元捐赠贵州省贫困户。

2020年，京东宣布将联合合作伙伴共建全球屋顶光伏发电产能最大的生态体系，2021年正逐步加大在京东物流亚洲一号等智能物流园区、智能产业园区全面推广布局和清洁能源应用，实现屋顶分布式光伏发电，为京东光伏云舱内的自动立体仓库、智能机器人以及自动化分拣系统供应清洁能源。预计到2021年底，光伏电站装机总量将达到200MW，实现年发电量1.6亿kW•h以上。

2020年全年，京东光伏发电系统发电量为253.8万kW•h，相当于减少二氧化碳排放量约2000t。京东光伏发电已覆盖园区内包括仓内照明、自动分拣、自动打包、自动拣货等多场景作业的用电需求。同时，京东率先进行分布式光伏电站与汽车行业资源整合，探索“汽车＋车棚＋充电桩＋光伏”项目试点，为光伏发电在物流领域的广泛推广应用打造了新模式。

5.2.3 智慧能源，用人工智能改造发电

京东数科的智慧城市研究团队，联合国家能源投资集团有限责任公司，携手打造了“AI＋火力发电优化”创新项目，双方共同解决用AI技术优化火力发电这个难题。项目实施通过大数据和人工智能技术优化发电效率，用AI算法动态管理火电生产环节，秉承“用更少的煤换更多的电”理念，减少环境污染，还青山绿水的新面貌。

火力发电机组每一刻都发生着变化，需要在不停运行和变化中发生参数变

化，需要调整的“步数”无穷无尽，也因此研究团队将这个项目内部命名为“Alpha 电”，希望成为改变人们生活和基本认知的又一个人工智能应用。100个控制参数看似少，但每一种算法却又有无数种选项，每一点都会有不同程度影响火力发电机组的整体状态。送多少煤、送多少风、送多少水，都会造成不同的燃烧结果，而 AI 算法则是要将“走法”尽量算到精确。所以说，用 AI 将火力发电效率最大化，这才是现实中真正的“珍珑棋局”。

最终，AI+火力发电优化项目在验收时实现了锅炉系统运行参数达到现有工况下最优，锅炉热效率提高 0.5%，即用 AI+火力发电优化，一个 60 万 kW 机组一年能够节约燃料费用 200 多万元，全国推广后，每年能为国家节约将近 70 亿元的燃煤消耗和污染治理费用，在节能、环保等方面有巨大价值。

5.3 小结

本章以华为公司和京东为例，分析了数字化转型下能源电力企业对互联网和科技公司的需求转变，已经从数字技术的升级、IT 系统的重构，扩展到企业生产、运营、管理等全方位的业务领域，这也促使能源电力企业必须重视数字化思想维度上的不断升级，调整企业战略推动企业各个领域、各个业务条线与互联网企业的深度合作。在加速能源电力企业数字化转型的同时，能源电力行业也要充分注重与互联网公司深度合作下带来的技术风险和安全风险。

一是云计算成为能源电力企业数字化与低碳发展的新引擎。在数字技术急速发展的历史机遇下，能源电力行业的云计算应用已成为能源革命与数字革命深度融合下产业转型发展的新窗口。企业级用户在云上不仅能享受到安全便捷的 IT 资源，更可通过一站式的数据智能服务推动业务的数字化、智能化。未来能源电力企业需要继续紧密结合电网安全生产管控系统建设目标和要求，持续加深与互联网和科技公司合作，不断探索和深化 AI 应用场景，持续迭代优化产品功能，助力能源电力企业高质量发展，企业释放更多数据智能红利。

二是数字基础设施建设是当前数字化转型的工作重点。能源电力企业应与互联网企业深耕合作，加强软硬件技术、场景的支撑力度，同时也寻求新的方案创新技术，平衡竞合关系，助力能源互联网建设。新型数字基础设施建设作为国家关注的重点，也是能源企业创新实践的重要领域，其将推动企业管理变革和业务升级，促进质效提升，培育新的增长点。

三是工业互联网建设应统筹创新和安全两大方面。华为工业互联网平台聚焦场景化问题，将创新技术和生态与能源电力场景化问题结合，帮助企业实现数字化、网络化、智能化；京东积极推动人工智能等技术在电力调度系统业务的应用，与能源电力企业协同开展调度人工智能算法平台的构建等。这些场景上的创新合作，说明互联网企业已不仅仅是先进技术方案的输出方，而是参与到了能源生产、消费等各环节。能源电力企业在积极拥抱人工智能等新一代技术，与互联网企业携手开创业务新价值的同时，也不能忽视可能存在的技术和安全风险。多方共建的平台也会带来持续增长的安全隐患，尤其是当前我国工业互联网平台的安全保障能力建设仍处于起步阶段，亟须提升企业安全防护意识，突破相关核心技术，支撑我国工业互联网平台健康发展。

专题篇

6

能源电力企业数字化转型成熟度评估模型构建及应用

本章设计构建了能源电力企业数字化转型成熟度评估模型，旨在从战略与组织、经营与管理、技术与安全三个维度综合评价企业数字化转型能力。本评价模型充分考虑到企业践行数字化发展理念，积极应用数字化技术，充分发掘数据资源价值，引导企业管理运营变革和体制机制转型升级，激励企业核心竞争业务流程创新，赋能客户、员工、上下游生态全过程的能力基础和成长预期等方面。该评估模型为大型能源电力企业以数字化转型积极应对后疫情时代与“双碳”政策等新的环境变化提供了量化参考。

6.1 能源电力企业数字化转型成熟度评估模型的设计原则

为了满足企业开展数字化转型成熟度评估，并支撑其开展数字化转型实践的要求，数字化成熟度评估模型的设计满足以下原则：

（1）通用性原则。构建数字化成熟度评估模型在维度选择上尽可能选择企业通用性维度，不涉及行业和企业的特殊性，一方面能够保证评估模型对绝大部分的企业都适用，另一方面能够使不同企业在数字化发展方面能够进行对比和对标，形成对自身发展的客观认知。

（2）重点性原则。由于企业开展数字化发展所涉及的范围广泛，因此本文在模型评估维度的设置上尽可能地考虑了企业开展数字化转型的各个方面，并从中选择最核心、最重要的维度纳入指标体系。

（3）实用性原则。评估指标的选择主要以结果性指标为主，一方面不同企业适合不同的数字化转型手段，本评价模型不在转型的方法和过程上做价值判断；另一方面能够帮助企业清晰定位到现阶段数字化转型过程中存在的短板，引导企业开展数字化转型工作。

（4）可操作性原则。数字化转型涉及领域广，且很多维度难以直接量化，评估过程应充分考虑模型实施可操作性，在此基础上提升评估模型的量化能力。

6.2 能源电力企业数字化转型成熟度评估模型构建

本节系统分析埃森哲、德勤、德国工程院、中国信息通信研究院等共计24家机构❶的数字化转型成熟度评估体系，提炼和总结核心共性要素，以构建一个能够满足不同类型企业共性需求的通用数字化转型成熟度评估模型，一方面能够增加企业之间的横向对比，另一方面便于企业依据自身发展需求，进行具有企业特色的改进。研究发现，目前成熟度评估主要聚焦在10个维度，其中数字技术、数据管理及应用、生态布局、支撑业务流程、人才培养等因素被认为更为重要。未纳入图6-1中的数字化转型成熟度评估维度还有盈利模式、协同能力等，这类维度仅在单一或少数指标体系中出现。

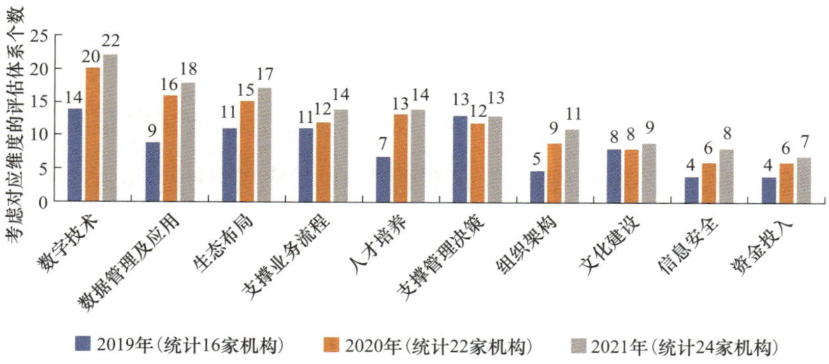

图6-1 近三年数字化转型成熟度评估维度对比

此外，近年来新冠肺炎疫情、暴雨内涝等自然灾害对企业数字化转型过程中应对重大突发事件的能力提出了新要求，例如对电网企业来说，需要利用数

❶ 24家机构包括：德勤、IDC、德国Neuland、埃森哲、德国工程院、布莱恩·索利斯、工业互联网产业联盟、阿里云、戴尔、BCG、IBM、普华永道、Gartner、麦肯锡、欣思博、The Open Group、西门子、Forrester、安永、微软、贝恩资本、国务院发展研究中心、杭州电子科技大学、中国信息通信研究院。

字技术开展实时的异常天气预警和设备故障监测。因此，在企业数字化转型成熟度评估中需特别加入针对突发变故的应急管理维度。后续将基于图 6 - 1 所示 10 个评估维度和应急管理维度构建企业数字化转型成熟度评估模型，并对能源行业进行数字化转型成熟度分析。

6.2.1 企业数字化转型成熟度构成

企业数字化转型成熟度是指企业通过积极应用数字技术，践行数字化发展理念，开展管理变革和转型升级，从而实现对数字时代的一种综合适应能力。数字化成熟度体现在企业生产运行、运营管理等各个领域的数字化素养，涉及企业从战略到实践、从技术到文化的方方面面，是衡量企业数字化质量的有效方法。现有数字化转型成熟度评估体系中的维度可以归结为战略与组织、经营与管理、技术与安全三个方面。

（一）战略与组织

战略与组织是企业的整体性规划，根据环境变化，依据企业自身资源和实力选择一系列综合协调的约定、行动和协作方式，主要包括资金投入、生态布局和组织架构。结合数字化转型要求制定合适的企业战略与组织结构，是企业实现成功转型的重要基石。

（二）经营与管理

经营与管理分别关注企业的用户和员工，经营以用户为中心，围绕产品和服务，目的是提高效益；管理以员工为中心，围绕企业氛围与文化，目的是提高效率。数字化转型中的经营与管理主要体现在智能业务流程、智能决策支持、企业文化与人才培养上，采用合适的经营与管理策略是企业进行数字化转型的关键推动力。

（三）技术与安全

技术与安全关注企业的关键技术和信息安全，在数字化转型过程中，技术与安全涉及数字化设施、数字化技术和数字化资产安全等，其中数字化资产是企业数字化转型中产生的，能够赋能现有业务、创新业务模式、提升经济效益的数据资产。创新技术与安全是企业推进数字化转型的主要手段。

6.2.2 企业数字化转型成熟度评估指标体系

基于企业数字化转型的 11 个维度和 3 个方面，在 2020 年度报告企业数字化转型成熟度评估指标体系基础上优化形成现有评价模型，包括 3 个一级指标 11 个二级指标，将“战略”指标提升为一级指标，并增加“组织架构”二级指标，如图 6 - 2 所示。资金投入、生态布局、组织架构隶属于企业的战略与组织范畴，数据管理及应用、支撑管理决策、支撑业务流程、人才培养和文化建设归入经营与管理范畴，数字技术、信息安全和应急管理属于企业技术与安全范围。

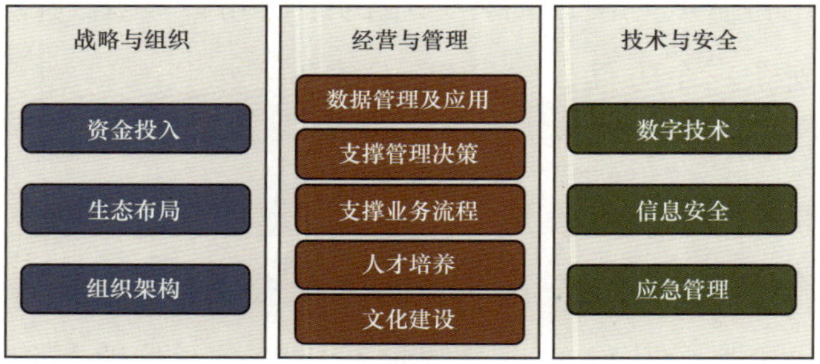

图 6 - 2 企业数字化转型成熟度评估的指标体系设计

本指标体系中，一级指标明确了评估的三大维度，也是企业数字化转型的基石、推动力和手段，具有导向性；二级指标指明了一级指标的评估范围，涉及企业生产、运营、管理的方方面面，包含企业推进数字化转型的关键环节，具有全面性、可操作性。两级指标体系由虚到实、由粗至细、由浅入深，能够全面、客观、准确地反映企业的数字化转型成熟度。

6.2.3 企业数字化转型成熟度评估指标含义

（一）战略与组织维度下各级指标含义

战略与组织维度评价数字化转型中企业的整体性规划对转型的配合性、适应性和前瞻性，反映了企业通过利用数字资源、创造差异化价值来制定和执行的战略规划的情况，包括资金投入、生态布局和组织架构三方面。

（1）资金投入。资金投入是企业进行数字化转型的资金投入力度，用于评价企业对数字化转型的重视程度和落实力度，涉及人员培训、设备购买、技术研发等企业生产运营各个方面。

（2）生态布局。生态布局是对企业资源的高效组合方式，用于评价企业数字化转型中对内对外业务数字化和创新数字业务化的总体布局，涉及企业对内数字业务的覆盖范围和规模，以及对外产业链协同的数字化程度。

（3）组织架构。组织架构是依据企业总目标，将企业管理要素配置在一定方位上，确定其活动条件和范围，形成相对稳定科学的管理体系，用于评价企业适应数字化转型的组织机构匹配程度，涉及高管在数字化转型中的深入参与程度，以及数字化转型负责机构的独立程度和权限范围。

（二）经营与管理维度下各级指标含义

经营与管理维度评价企业的实际经营与管理流程对数字化的融合程度，反映了企业将数字化集成到设计、采购、制造、营销、财务和人力资源等业务流程，以及企业文化和人才培养等保障环节，以实现经营与管理的改善，包括数据管理及应用、支撑管理决策、支撑业务流程、人才培养和文化建设五方面。

（1）数据管理及应用。数据管理及应用是对能够为企业带来经济效益的数据资源的高效管理和商用，用于评价企业对生产经营过程中产生数据的标准化管理程度和开放共享程度，涉及企业管理数据的流程规范化、标准化程度，以及支持数据应用、开放、共享的激励机制有效性。

（2）支撑管理决策。支撑管理决策是利用数字化技术充分挖掘企业经营数据中隐含的潜在有用信息，辅助支持管理决策，以提升决策的正确性和科学性，用于评价数字化技术在决策支持中的参与程度，涉及供应商管理、客户管理、精准营销等方面。

（3）支撑业务流程。支撑业务流程是利用数字化赋能现有业务，达到提质增效目的，用于评价现有业务与数字化技术的融合程度，涉及研发、生产、采购、物流、营销等企业核心业务的数字化程度，以及财务管理、人力资源管理等企业职能业务的数字化程度。

（4）人才培养。人才培养是企业人才的发掘和培训，为将来认同企业文化和进行数字化转型实践做好铺垫，用于评价人才培养机制中考虑数字化转型需求的程度，涉及对现有人才的数字化技能培训和对专门数字化人才的培养。

（5）文化建设。企业文化是企业在长期运营中不断积累，并被大多数员工认同的奋斗方向和价值观念，用于评价数字化在企业文化中的融合程度，涉及企业愿景、道德规范、行为准则、企业制度等。

（三）技术与安全维度下各级指标含义

技术与安全维度评价企业现有生产经营活动与新兴数字技术的融合程度，以及对数据安全保护的落实程度和对突发状况的应急管理能力，反映了企业中与数字化相关的设备设施、技术投入、数据安全和应急管理等基础设施和基本条件建设情况，包括数字技术、信息安全和应急管理三方面。

（1）数字技术。数字技术是人工智能、大数据、区块链、云计算、5G 等新一代信息技术，用于评价企业生产经营活动中数字技术的应用情况，涉及企业利用数据技术升级现有设备、改进业务流程、引进新型数字化设施等方面。

（2）信息安全。信息安全是保护企业生产经营过程中产生的数据不因偶然或恶意原因遭到泄露、更改或破坏，用于评价企业利用数字技术保护数据安全的情况，涉及企业数据规范采集、处理、分析、可视化、开放共享等环节的安全防护问题。

（3）应急管理。应急管理是对企业生产经营活动中由外部公共事件或内部经营管理引发的，可能带来的各类安全生产事故、突发公共事件的预警和预防，用于评价企业利用数字技术进行故障监测、实时处理等应急管理的情况，涉及应急管理机制、应急管理预案、应急响应速度等方面。

6.3 能源行业数字化转型成熟度评估

依据上述构建的企业数字化转型成熟度评估模型，采用定量与定性相结合的方法，对电力、石油、煤炭三大能源行业企业的数字化转型成熟度进行评估。定量方法通过在线问卷调查方式，依托国资委《国有企业数字化转型模式和路线图研究》[1] 课题，对 18 家央企的数字化转型成熟度进行评估，问卷详见附录 A，调查范围覆盖上述所构建企业数字化转型成熟度评估模型的 11 个维度，问卷设计题目与各个维度的对应关系如表 6-1 所示。定性方法通过分析国资委“一把手谈数字化转型”专题中能源电力央企一把手对企业数字化转型观点，综合研判能源企业数字化转型进程中在不同维度上的表现。

表 6-1　企业数字化转型成熟度评估维度与调查问卷题目对应关系

第一部分：基本信息		
学历、公司、行业、职务等		
第二部分：评价维度		
序　号	**维　　度**	**题目序号**
1	资金投入	3
2	生态布局	4
3	组织架构	5
4	数据管理及应用	6、7、8
5	支撑管理决策	9、10
6	支撑业务流程	11、12
7	人才培养	13
8	文化建设	14
9	数字技术	15、16
10	信息安全	17
11	应急管理	18

[1] 该项目由国网能源研究院牵头，共 18 家央企参与。研究针对国有企业数字化转型相关研究举措和指标评估方法，并提出油气类、服务类、资源类和汽车类企业数字化转型路线图。

续表

第三部分：态度认识	
数字化转型认知	1
数字化转型战略	2
数字化转型需求	19、20、21

6.3.1 电力行业数字化转型成熟度评估

基于企业数字化转型成熟度评估模型，通过定量和定性相结合的方法评估多家电力企业的转型成熟度，综合考量问卷调查结果和电力企业一把手谈数字化转型情况，最终得出百分制下电力行业在11个评估维度上的具体分值，评估结果雷达图如图6-3所示。

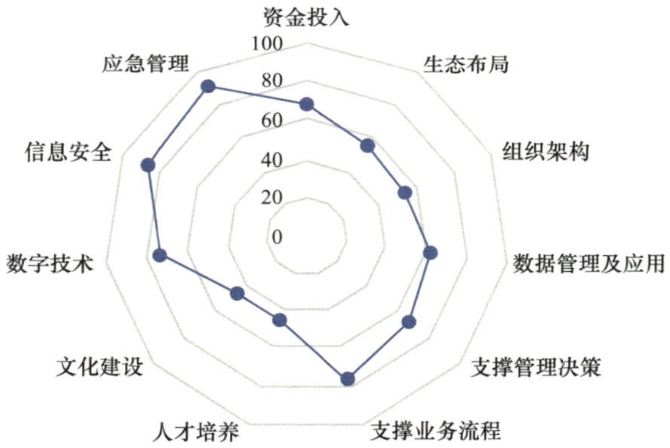

图6-3 电力行业数字化转型成熟度评估结果

电力行业的数字化转型成熟度可以概括为以下三个方面：

电力行业数字化转型进程中尤其注重信息安全和应急管理。由图6-3可以看出，电力行业数字化转型成熟度分值在信息安全和应急管理两个维度上表现尤为突出。电力数据涉及政府、企业、个人等多方主体，其对外开放共享应用过程中面临着严肃复杂的国家安全、企业商密和个人隐私保护要求。电力行业在保护电力信息安全方面，普遍采取严密态度，在保证电力数据安全前提下，谨慎开展数据业务。电力行业作为攸关国计民生的重要基础性能源行业，确保电力的安全稳定供应是国家和人民对电力行业企业提出的基本要求，因此电力全行业在应急管理体系构建上也更为重视，具备较为丰富的实践经验，应急管理机制成熟。近年来，在应对新冠肺炎疫情和暴雨内涝等突发重大事故中，电力行业的应急管理体系发挥了巨大作用，且取得了良好的效果。

电力行业数字化转型进程中基于数字化支撑业务流程和管理决策已较为成熟，然而数据的体系化管理和应用仍有待提升。由图 6－3 可以看到，数字技术、支撑业务流程和支撑管理决策三个维度的分值接近 80 或明显大于 60，而数据管理及应用的分值仅略大于 60。电力行业利用数字技术大力改造提升传统电网业务，促进生产提质、经营提效、服务提升，更将数字技术融入企业管理全过程，推动数字化运营与决策，实现管理化繁为简，提升管控力、决策力、组织力和协同力，数字技术在优化业务流程和支持管理决策方面取得了明显的成效。然而，在推动数据资产化，建设健全数据资产管理体系和管理平台，以及提升企业数据治理能力和数据价值创造能力方面，还有较长的一段路需要走。

电力行业数字化转型进程中仍需提升对文化建设和人才培养的关注。如图 6－3 所示，电力行业数字化转型成熟度评估结果中，存在文化建设和人才培养两处明显“洼地”。电力行业主要由规模庞大的国有企业组成，企业文化较为固定且不易转变，应将数字化提升至企业战略地位，鼓励和推广利用数据驱动进行分析和决策，接受数据驱动的管理模式，培养数据文化，构建数字化转型的土壤和环境。电力行业人才结构主要包括电力生产、电力运输、电力消纳、综合能源以及财务人力等专业人才，缺少数字技术人才，且对现有人才的数字化能力培训和吸引招聘新型数字化人才力度不够。

电网企业不同于发电企业，由于其业务的特殊性，其数字化转型的复杂性、覆盖面、公共性等都要远高于发电企业，因此数字化转型的难度会更大，但潜力也会更大。针对电网和发电企业的差异性，从**新基础**、**新治理**、**新动能**、**新生态**四个维度进行对比。**新基础**反映企业新型数字基础设施发展情况，电网的设备联网情况呈现出主网强、配网弱的情况，发电企业的数字基础设施建设主要基于发电厂，具有较强的可复制性。**新治理**反映企业数字化提升运营管理效率和质量，促进管理转型和改进，提升治理能力的情况。电网企业多为自上而下的发展模式，发电企业多为自下而上的发展模式，目前来看电网企业和发电企业在该领域的发展水平相当，但目前均只实现了业务线上化，用数据驱动流程再造的价值尚未充分挖掘。**新动能**反映企业依托数字技术开展新业务布局，实现价值创造的能力。目前电网企业积极探索各类平台类新型能源业务，但目前盈利能力相对较弱，商业模式有待进一步完善，发电企业主要聚焦综合能源服务领域，新兴产业业务布局相对局限。**新生态**反映企业数字化转型带动能源电力产业链上下游企业，共同创造价值的能力。电网企业作为能源电力的枢纽，其在产业带动方面的效益发挥还不足，与电网企业的数字化转型未能很好地对接，生态的数字化转型价值未能有效释放。

6.3.2 石油行业数字化转型成熟度评估

图 6-4 展示了石油行业的数字化转型成熟度评估结果，可以看出，雷达图所示石油行业评估结果形状与电力行业类似，均为突出支撑业务流程这一维度的水滴状。

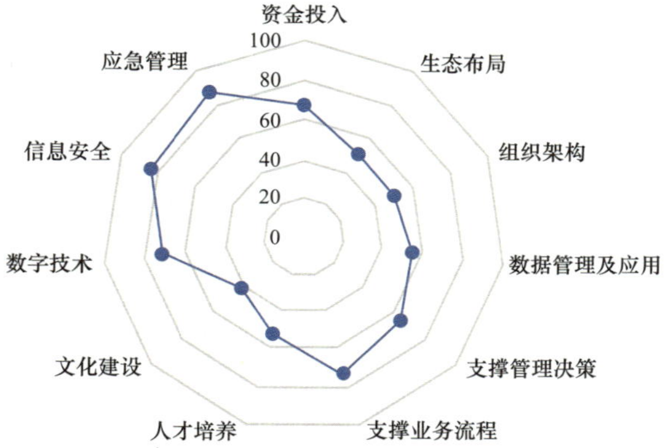

图 6-4　石油行业数字化转型成熟度评估结果

石油行业的数字化转型成熟度可以概括出以下三方面特征：

石油行业数字化转型进程中重视信息安全和应急管理。与电力行业一样，石油行业也是国家关键的基础性能源行业，严守行业信息安全底线和面对突发事件的应急管理是石油行业企业的基本功。同时，国家陆续出台数据监管相关法律法规，强调国家数据安全和个人信息隐私保护。因此，石油行业企业在数字化转型进程中特别注意保持信息安全保护和应急管理能力。

石油行业顶层生态布局和组织架构缺乏针对数字化转型的适应性设计。由图 6-4 可知，生态布局和组织架构对应分值明显小于信息安全、应急管理及数字技术等维度。某些石油行业企业尝试在地产等局部业务中构建面向客户的统一客户服务平台和统一智慧物联接入平台，但未能基于企业全面业务重新设计数字化的生态布局。另一方面，在组建高管负责的数字化转型专门机构、专职工作组织和专业的信息技术服务公司等数字化组织架构方面推动力度不够强。

石油行业数字化转型进程中文化建设成为明显短板。我国石油行业企业多为大型国有企业，容易存在企业文化僵化的缺陷。石油行业在重设数字化生态布局等顶层战略的向下传导不足，导致数字化文化渗透程度不够，使其成为制约石油行业数字化转型进程的明显短板。

6.3.3 煤炭行业数字化转型成熟度评估

图 6-5 所示为煤炭行业的数字化转型成熟度评估结果。与电力行业和石油行业相比，基于煤炭行业评估结果绘制的雷达图虽然也呈现出突出支撑业务流程这一维度的水滴状，但雷达图覆盖范围整体收缩。

与电力行业和石油行业类似，煤炭行业在数字化转型进程中也存在以下四项特点：一是尤其重视信息安全保护和应急管理能力；二是基于数字化支撑业务流程和管理决策较为成熟，但数据的体系化管理及应用能力较差；三是生态

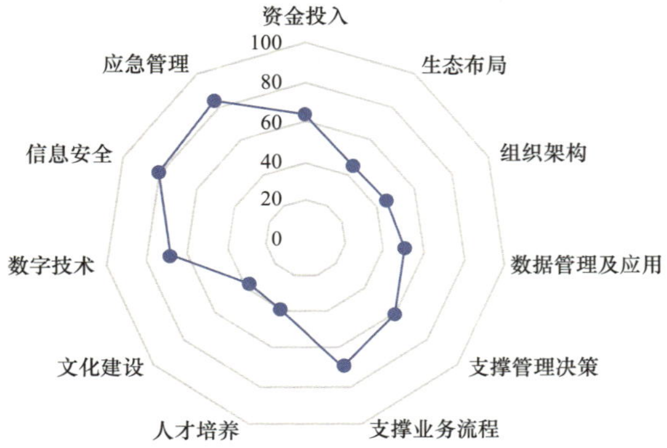

图 6-5　煤炭行业数字化转型成熟度评估结果

布局和组织架构未能适应数字化转型需求；四是数字化在文化建设中渗透力度不够以及数字化人才短缺。

同时，煤炭行业数字化转型成熟度评估结果中，生态布局、组织架构、文化建设和人才培养四个维度的分值明显小于其他维度，且接近 40。这意味着，**煤炭行业数字化转型进程中，顶层战略和企业管理对数字化转型的适应性调整优化的重视性不够**。煤炭行业企业目前固有的战略路线、组织架构和管理方式无法支撑和应对数字化转型发展要求，应尽快利用数字技术，引导企业管理运营变革和体制机制转型升级，推动煤炭行业核心业务流程的革命性创新。

6.3.4　电力、石油和煤炭行业数字化转型成熟度对比评估

电力、石油和煤炭行业的数字化转型成熟度在三大评估维度上的对比结果如图 6-6 所示。经过对比分析发现，总体上，电力行业开展数字化转型的成熟度最高，其次是石油行业，煤炭行业的转型成熟度最低。

对于电力行业来说，具有较好的信息的精准采集和实时交互的基础，涌现出大量的技术与商业模式创新，从“资产驱动型”到“服务驱动型”转向“数据驱动型”的数字化转型战略路径也较为清晰。

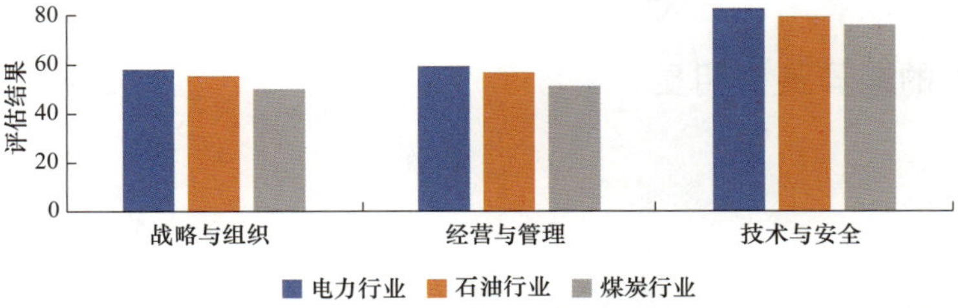

图 6 - 6　电力、石油和煤炭行业数字化转型成熟度在三大评估维度上的对比结果

对于业务及资产集中于上中游的传统石油公司来说，缺乏信息互联及精准统计的基础，数字化转型进程开展较慢。由于短期内石油供需依然坚挺，新能源发展不会对石油行业造成伤筋动骨的威胁，难免存在石油消费达峰后再开始转型的想法，这会导致石油行业在数字化及针对终端的综合能源服务方面与先行者的差距不断拉大。同时，电力行业等数字化先行者们对终端用户有着极强的黏性，现在已经处于竞争激烈阶段，石油行业作为后来者所能占据的数字化能源市场会被相应压缩。

对于煤炭行业来说，目前固有的体系无法支撑数字化建设发展，同时在信息系统综合集成度、供应链信息连贯性、环节耦合度、市场适应性等方面还存在一系列问题。且信息孤岛现象仍然存在，部门间的信息流动多数仍为人工方式。不同部门间系统信息传递以及与各个分厂生产控制系统间的生产信息流动仍采用人工报表形式，致使信息滞后，造成供应链中需求信息反应周期延长，资源内耗。究其原因，煤炭行业数字化转型的重心主要放在对矿业资源生产等方面，但忽略了数字化生产仅是数字化的一部分，虽然对降低成本和安全风险有所贡献，但由于同质性的存在，极容易被同行复制。只有通过数字化转型开展综合能源服务锁定用户，才能助力行业内企业从传统能源服务向综合服务转型，进而基于数字化及网络化的业务也会更加牢靠，助力均衡提升整个行业的数字化成熟度。

图 6 - 7 所示为电力、石油和煤炭行业的数字化转型成熟度在 11 项评估维度上的对比结果，黄实线代表不同行业在相应维度上的差异，通过评估分数的

极差来表示。可以看出，**三大能源行业在生态布局、数据管理及应用、人才培养三个维度上的差异最为明显**。

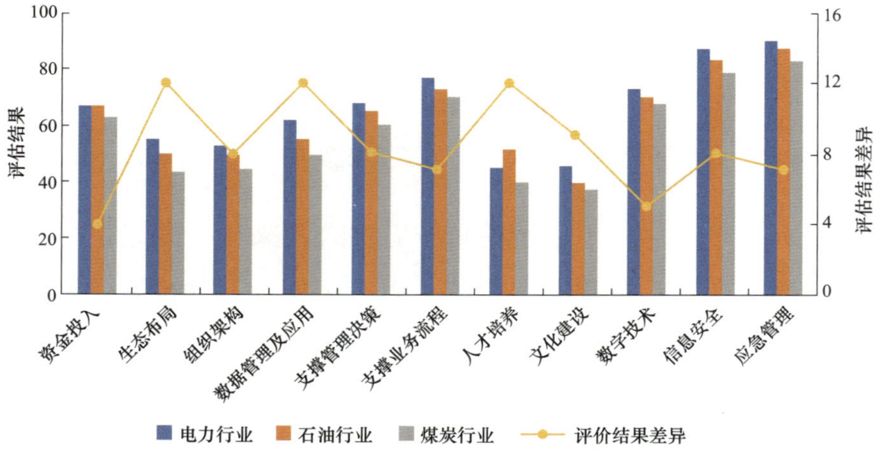

图 6-7 能源行业的数字化转型成熟度在 11 项评估维度上的对比结果

生态布局维度上，电力行业提出了明确的数字化生态布局，积极发展平台业务和数据产品业务，努力为客户提供多元服务，积极开展能源电商业务和智慧车联网业务，积极拓展电力大数据征信服务，服务政府精准施策，推动实现智能感知、网络协同、敏捷响应、高效决策、动态优化，形成“创新型”生态。石油行业仅聚焦局部业务推出了新型数字化生态布局，例如中化集团针对地产业务，提出数字化与智慧园区、智能家居应用场景相结合，为客户提供统一的线上线下融合、高品质的生活体验。煤炭行业企业则较少给出明确的适应数字化转型的生态布局。

数据管理及应用维度上，电力行业明确提出将数据作为企业资产进行体系化统一管理应用，建立跨部门、跨专业、跨领域的一体化数据资源体系，按照“盘点—规范—治理—应用”的思路，强化数据分级分类管理，建立最小化的数据共享负面清单，推动数据规范授权、融会贯通和灵活获取。石油行业初步形成了数据治理和服务管理体系，例如，中国石化建设了经营管理数据服务平台，初步支持财务、物资、营销、金融等业务领域的数据分析与应用。煤炭行业企业中则较少明确提出统一的数据管理及应用体制机制。

人才培养维度上，电力行业较为落后，较少电力企业已经落实了明确的数字化人才培养行动，仅有部分企业提出要加强人才保障，组建企业数字化转型战略研究团队，提高数字技术研发、集成应用和运维保障等领域人员比例，提高企业全体员工数据素养。石油行业企业在数字化人才培养方面较为先进，中化集团已经明确加强 IT 人才队伍建设，在加强员工数字化能力培养的同时，不断引入优秀专业人才。煤炭行业企业则倾向于建立具备数字化能力的组织，细化到具体的人才培养层面，中国煤炭科工提出成立中央研究院，组建矿山大数据研究院、智能矿山研究院等专业研究机构，推动协同、高效、高端研发实验室共建共享共用。

此外，与 2020 年《国内外能源电力企业数字化转型分析报告》中关于能源行业数字化转型成熟度评估结果进行对比发现，**从时间维度看，2021 年石油行业相比于电力和煤炭行业在数字化转型中取得了更加明显的进展**。2020 年评估结果显示，石油行业的数字化转型成熟度虽然总体上介于电力和煤炭行业之间（电力行业数字化转型成熟度最高，煤炭行业最低），但在生态布局、数据管理及应用、人才培养三个维度上的表现均最差。而在 2021 年数字化转型成熟度评估中，石油行业在上述三个维度中都展示出了不俗的表现，特别是在人才培养方面，石油行业一举超过电力行业，获得了最高的人才培养综合评分，不仅注重对已有员工的数字化能力培养，还积极引进新型数字化人才。生态布局和数据管理及应用方面，石油行业评估表现跃居第二名，开始注重部分业务的数字化生态布局，以及建立支持已有业务的数据管理体系和服务平台。

6.4 小结

本章考虑多种数字化转型影响因素，评估能源电力企业数字化转型成熟度。从多维度影响因素入手，考虑战略与组织、经营与管理、技术与安全三大方面，以及资金投入、生态布局、组织架构、数据管理及应用、支撑管理决策、支撑业务流程、人才培养、文化建设、数字技术、信息安全和应急管理11个维度综合评价企业数字化转型成熟度，并以雷达图形象化展示评估结果，对比能源行业中电力、石油、煤炭三个领域在各个维度下数字化转型发展状况。通过对电力、石油和煤炭等不同能源企业的数字化转型分析，得到以下结论：

第一，我国主要能源电力企业数字化转型加速实践，但数字化顶层设计仍有待提升和迭代优化。对于能源行业来说，新冠疫情和极端气候等突发事件频发使其更有意愿和动力开展数字化转型。从整体上来看，电力、石油、煤炭三大能源行业数字化转型进程中在技术与安全维度上的成熟度相比于另外两个维度（战略与组织、经营与管理）具有突出优势，大部分能源行业企业已关注到新型数字技术可能为能源领域带来的革命性颠覆，开始重视数字技术的利用和数据安全的保护。但生态布局、组织架构、文化建设及人才培养是能源行业企业转型的难点，企业在战略层面如何适用数字化发展并调整顶层设计方面亟须更深入的探索。

第二，能源行业数字化转型进程中普遍重视信息安全和应急管理。能源行业作为国家基础性支柱产业，肩负能源安全稳定供应的重大责任，能源行业企业在信息安全保护和应急管理能力方面已形成较为成熟的经验。在数字经济浪潮下，能源领域数据的开放共享和流通交易呈现出较为保守的态势。面对新冠肺炎疫情、暴雨内涝等突发事件，能源行业企业表现出了较强的韧性和及时有效的应急管理能力，今后这仍然是能源电力行业数字化转型的重点领域。但能源行业应急管理模式依旧有待完善，疫情等突发事件暴露出能源应急管理制度缺位、能源储备类型较为单一、能源跨区域调度能力不足等问题，应以此为契机，深入思考重大公共危机突发事件对能源行业应急管理的要求，重新审视培养危机应对能力，促进能源行业持续健康稳定发展。

第三，石油、电力、煤炭三大能源行业的数字化转型发展重心各有侧重。电力行业在数据的体系化管理和利用、商业模式创新开发及组织架构优化等宏观管理方面明显优于石油和煤炭行业，相应数字管理及应用、生态布局、组织架构等维度的分值较高；石油行业在数字化人才培养方面表现出了突出优势，在明确建立加强员工数字化能力培养的同时，不断引进优秀专业人才；煤炭行业数字化转型成熟度则整体较差，主要着力于信息安全、应急管理和数字化支撑业务流程等与核心业务直接关联的环节。目前各类能源企业的数字化转型均聚焦清洁化、高效化、智能化的方向，但各环节的转型发展程度并不均衡，还有很长的路要走。

7

先进数字技术在能源电力领域的应用及前景研判

能源数字经济蓬勃发展，但能源电力行业数字化发展不平衡、不充分等问题依然存在。站在科技前沿，不断用好数字技术、加快新型数字基础设施建设，才能获得更多“数字红利”，助力我国经济增长更加强劲有力。大数据、人工智能、区块链已在能源电力行业广泛布局，深度应用，本章聚焦更为前沿的5G、北斗、数字孪生三项数字技术，面向能源电力企业数字化转型新需求，研判其在能源电力领域的应用趋势和前景规模，为我国能源电力企业数字化转型夯实技术基础。

7.1 能源电力领域应用的典型先进数字技术总览

能源电力领域新基建加速落地，可连接终端量迎来新突破，数据量、网络流量呈爆炸式增长。2021年，能源电力行业加速迈向数字能源、智慧能源，大数据、人工智能、区块链等先进技术在发、储、输、配、用全环节重点部署，云网边端深入融合，全方位推动能源电力企业数字化转型。未来，数字技术将助推全面打造能源数字经济新优势，充分发挥海量数据和丰富应用场景优势，促进数字技术与能源电力领域深度融合，赋能能源电力产业转型升级，催生新产业、新业态、新模式，壮大能源数字经济发展新引擎。

2020年，国资委在《关于加快推进国有企业数字化转型工作的通知》中指出，要运用数字孪生、5G、云计算、区块链、人工智能、北斗通信等新一代信息技术，建设敏捷高效可复用的新一代数字技术基础设施。云计算、区块链、人工智能作为大数据时代企业探索和实践的热点，已经在能源电力领域广泛布局和深入应用，技术的长期价值回报不断得到验证。5G、北斗通信、数字孪生等技术作为助力国家未来新型基础设施建设的重点，与新型电力系统“广泛互联、智能互动、灵活柔性、安全可控”等特征具有天然的结合优势，但是其对能源电力行业来说，仍属于“新鲜事物”，探索和应用相对较少，其价值值得期待和进一步探索。

（一）5G——架起能源生产与消费的桥梁

爱立信预测，到2026年，全球数字经济市场规模将达到3.5万亿美元，其中约1.3万亿美元是由5G所创造，能源和公用事业将是应用5G最广泛的三个行业之一，在1.3万亿美元市场规模中的占比达19%。数据足以说明，5G将成为能源电力行业的热点应用技术，为能源数字经济开辟新发展空间。5G作为新一代的移动通信技术，凭借高速率、低时延、大容量等特点，拥有丰富的应用场景，能够应用于变电站、新能源站场、电动车充电站等的智能化升级，还能为无人机巡检、实时监控、高远程服务等提供技术支撑，并为实现双向能源互动以及拓展新商业模式提供创新可能性，在能源电力生产、管理、运维和消费等多环节具有价值发挥空间。

（二）北斗通信——探索能源时空智能服务

卫星导航技术与互联网、移动通信一起，并称为21世纪信息技术领域的三大技术。北斗作为我国自行研制的全球卫星导航系统，是关系国计民生的重要基础设施，在保障国家安全、促进经济发展等方面发挥着重要作用。2021年，国家能源局明确提出，要大力加强北斗系统在能源领域的推广应用。电力工业作为关系国家能源安全和国民经济命脉的核心产业，率先融合应用北斗技术，助推中国电网快速迈入“北斗时间”。除北斗精准授时外，北斗与物联网、5G等技术融合，在电力故障预警、车辆定位、输电线路检修等领域具有较大应用空间，不断催生“北斗＋”融合应用新模式。

（三）数字孪生：连接能源与数字世界

早在2019年，Gartner（高德纳咨询公司）就将数字孪生技术列为十大战略性技术，然而受限于数字孪生技术发展尚处于早期阶段，其应用范围较窄，市场规模有限。但据权威机构预测，未来五年数字孪生市场规模将增长近十倍，从每年38亿美元增至358亿美元。2020年，工信部牵头发布《数字孪生应用白皮书》，指出智慧能源将是数字孪生技术重点应用和发展的六大领域之一。在能源电力领域，随着更复杂的仿真和建模工具、更好互操作性的物联网传感器以及电力系统可视化的数字化仿真平台的广泛使用，能源电力企业逐渐意识到创建更加精细、更具动态感的数字化仿真模型成为可能。可以预见，数字孪生技术能够更好地建立起人、企业、社会、能源之间联系，提高能源的生产和利用效率、助力能源电力企业数字化转型。

7.2 5G技术在能源电力领域的应用及前景研判

7.2.1 技术发展

狭义来讲，5G是指第五代移动通信技术的无线接入网技术；广义来讲是指第五代移动通信技术，泛指包括无线接入网、核心网及相关支撑系统的完整技术体系，实现了由个人移动应用向垂直行业应用的转变，代表着无线通信技术最新的发展方向。5G不仅仅是更高速率、更大带宽、更强能力的空中接口技术，而且是面向业务应用和用户体验的智能网络。

更高传输速率。目前4G LTE的速率为100Mbit/s，而5G的最低速率将达到1Gbit/s。5G通过高频毫米波进行通信数据传输，可避开日益拥挤的3GHz以下频段。

更大容量接入需求。在$1km^2$的地理范围内，5G无线移动宽带系统的容量比目前4G LTE增长1000倍。

超低网络延时。4G LTE网络下手机时延为50ms，而5G在理想条件下端到端时延仅为1ms，典型端到端时延为5～10ms。

开放架构支持万物互联。5G采用万物互联的开放式、软件可定义的架构，将为建设物联网平台和以用户为中心的全方位信息生态系统提供各种可能和跨界整合。

7.2.2 应用趋势

随着构建新型电力系统目标的提出，智能电网升级将成为电网企业的重点建设方向，在这一过程中应采用先进、可靠、稳定、高效的新兴通信技术及系统，丰富发电侧、电网侧、用户侧的通信接入方式，将业务需求的被动满足转变为主动引领，同时提供更广泛的终端接入能力、面向多样化业务的强大承载能力、差异化安全隔离能力及高效灵活的运营管理能力。

（一）应用一：5G 建设需求促进电网基础设施资源商业化运营

目前，我国 5G 基站主要采用两种建设方式，一是由 4G 基站改造，二是重新建设。无论是哪种方式，都面临选点难和费用高的难题。例如，由于位置因素，部分 4G 基站挂高不足，若直接改造成 5G 基站，则可能影响信号传输。电网企业拥有巨大规模的杆塔资源，相当一部分可满足 5G 通信设备挂载要求，实现电网与通信行业基础设施资源高度整合利用，将能够盘活电网存量资源，助力电网企业基础设施资源商业化运营，节约社会成本。此外，5G 基站可与电网企业多站融合项目协同建设，在基础资源共享的基础上，一方面 5G 为变电站、新能源场站、储能站等提供更好的通信方式，满足电网新兴业务的个性化通信需求；另一方面，电网为 5G 基站由转供电改为直供电提供可能，采用峰谷分时电价，进一步降低 5G 基站用能成本。

（二）应用二：基于 5G 的电网信息全面即时采集与传输

电网信息采集点多面广，目前信息采集点位比较单一，采集数据量较少，无法有效支持信息即时分析以及精准预判需求。在输电主网信息网中，利用 5G 切片技术，不仅可以有效保证信息传输安全，而且在高可靠，低延时网络支持下可以实时动态面向各级负荷精准调配电力，通过各级配电终端信息收集与整理，准确判断出配电网运行状态，并即时提供相应电力支持。在配电网信息网中，利用遍布配电网的传感器，依托 5G 技术，即时收集电网数据，实现各级电网监视，引入可视化、实时化、精益化作业方式，实时监测配电网运行状态，准确判断出配电网各项负荷能力并在配电网故障时及时切换供电，保障客户用电不受影响。

（三）应用三：基于5G的电力精准负荷控制

电力负荷控制是管理用电负荷的一种重要方式，指对用电负荷进行跟踪检测，在电力负荷超过事先设定的负荷阈值时，系统首先进行报警，而后跳闸切断负荷。在传统的电力负荷控制工作中，由于缺乏相应的通信网络，一般只能对配电线路进行整体切除，对于电力用户造成的影响较大。随着技术进步和推广应用，电力企业可以通过利用负荷精准控制技术，首先切断电动汽车充电桩以及工厂非连续生产电源等重要程度较低的负荷，降低对于重要电力用户的影响。运用5G通信技术进行负荷控制，在稳控技术支持下，充分发挥5G通信网络时延低、可靠性强的优势，能够有效提高控制系统的精确度，对故障用户的可中断负荷进行控制，起到减少经济损失，降低对其他重要用户影响的作用。

国网青岛供电公司基于5G公网专用的精准负荷控制示意如图7-1所示。

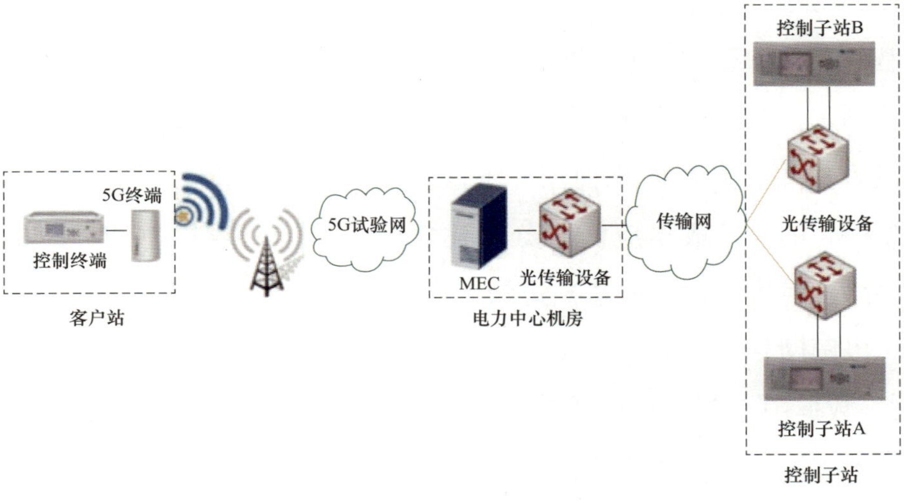

图7-1　国网青岛供电公司基于5G公网专用的精准负荷控制示意

未来，5G有望大幅优化能源电力系统，让电力企业和电力用户快速了解双方需求并作出反馈，使得数据驱动成为可能。5G技术与AR、VR等先进技术融合，将为能源电力行业发、输、储、配、用各环节提供更多样、交互、远程的解决方案，升级能源电力的管理、运营模式，简化电力规划、运维、营销方式，改善电力生产和消费模式。

7.2.3 前景规模

对于能源电力企业而言，除了多站融合中与5G建设进行铁塔共享，降低5G建设的杆塔土建施工成本，并保障5G基站电力供应外，还应考虑5G应用开发对电网本身业务带来的成本和收入。5G在电网中的应用效益主要有以下几个方面：

一是租赁收入。对于杆塔而言，中国铁塔仅拥有197万个存量站，但电网企业拥有约350万基电力杆塔资源，“5G+电网”的主要贡献就是“铁塔共享”，虽然现在对于共享协议的盈利模式暂未公开，但是可以认为多站融合中很大一部分收益来源于铁塔共享的收入。除此之外，还应该考虑机柜租赁、IDC租赁、场地租赁等收入。**二是建设投资**。对于多站融合而言，在电网已建铁塔的基础上，加载5G基站将存在建设投资，但是多站融合后的总建设投资应低于分别建立的投资总和。**三是运营成本**。多站融合的总运营成本将上升，增加了电力使用、占地面积使用、维修费用及人力成本，但是与建设投资相同，多站融合的运营成本应低于分别建立各站的运营成本总和。**四是联动效益**。多站融合将形成环（铁塔）边缘（计算）资源，拉动整体消费，提升资源利用率。以国网甘肃建成并投入运营的室内多站融合充电站项目为例，通过将“充电站+数据中心+光伏储能”和5G基站结合，不仅节约了大量土地资源，还同时拉动了充电站消费，带来了客观的联动效益。

因此，5G技术在能源电力领域的应用效益估算方法如下：

$$NPV_N=\sum_{t=1}^{n}(N_1+N_2+N_3+N_4)_t(1+i)^{-t}$$

式中：NPV_N 为5G技术在能源电力领域的应用效益；N_1、N_2、N_3、N_4 分别为5G技术在杆塔共享中带来的租赁效益、降低各自独立建设成本的效益、降低各自独立运营成本的效益、环铁塔拉动消费带来的联动效益；i 为基准折现率。

5G基站投资主要包括主设备、铁塔、机房土建、基站配套（电源、空调、动环监控、市电引入）等部分。就主设备而言，中国移动公布了2020年5G二期无线网主设备集中采购结果，共232 143座5G基站，采购总额为370.88亿元，按此计算，中国移动建设一座5G基站的成本约为16万元。根据中国联通2019年预计花费80亿元建设4万个5G基站，中国电信2019年预计花费90亿元建设4万个5G基站，粗略计算中国联通建设一个基站应花费20万元，而中国电信需要22.5万元。

如果将已有基站进行5G升级，则基站投资应与主设备（BBU&AAU）投资相同，为15万～25万元；如果完全建设一个全新的5G基站，则需要考虑机房、铁塔等建设成本[1]，包括基带板、主控板、天线及电源模块2万～3万元，动力配套设备4万～6万元，铁塔土建施工10万～15万元。综上，5G基站建设投资分项估算如表7-1所示。

表7-1　　5G基站建设投资分项估算

投资成本类别	主设备	基带板等	动力配套设备	铁塔建设
价格（万元）	15～25	2～3	4～6	10～15
合计（万元）	升级改造：15～25；重新建设：30～50			

对于未来5G的投资而言，根据中研普华研究院报告《2021—2025年版通信工程项目融资商业计划书》，到2030年，我国5G基站数量将达到1500万个，5G基础设施累计直接投入将达到4万亿元。对于未来5G的营收而言，根据中国信通研究院CAICT《2020中国5G经济报告》，到2030年，5G将直接带动总产出6.3万亿元，间接带动总产出10.6万亿元，直接经济增加值2.9万

[1] 智能化弱电工程设计与施工：一座5G基站到底值多少钱？贵不贵？2020-05-04.

亿元，间接经济增加值 3.6 万亿元。

综上，在能源电力领域，通过杆塔共享和多站融合方式对 5G 进行融合投资将具有良好的应用前景。**因地理位置等因素，电力杆塔无法 100%搭载 5G 基站，按 20%比例计算，预计未来电网 5G 技术应用投资总规模为 1000 亿～3500 亿元；根据未来 5G 的投资和经济效益比例类比，预计未来电网 5G 技术应用带来总直接效益 720 亿～1800 亿元，带来总间接效益 900 亿～2200 亿元。**

7.3 北斗通信技术在能源电力领域的应用及前景研判

7.3.1 技术发展

北斗卫星导航系统是中国着眼于国家安全和经济社会发展需要，自主建设运行的全球卫星导航系统，是为全球用户提供全天候、全天时、高精度的定位、导航和授时服务的国家重要时空基础设施。北斗系统全球范围定位精度优于 10m、测速精度优于 0.2m/s、授时精度优于 20ns、服务可用性优于 99%，亚太地区性能更优。此外，北斗系统还拥有其他卫星导航系统不具备的短报文功能。

北斗系统建设大致分为三个阶段。1994 年，启动北斗一号系统工程建设，到 2003 年发射第 3 颗地球静止轨道卫星，采用有源定位体制，为中国用户提供定位、授时、广域差分和短报文通信服务；2004 年，启动北斗二号系统工程建设，2012 年年底完成 14 颗卫星发射组网。北斗二号系统增加无源定位体制，为亚太地区用户提供定位、测速、授时和短报文通信服务；2009 年，启动北斗三号系统建设，2020 年北斗三号最后一颗全球组网卫星顺利发射，至此北斗三号全球卫星导航系统星座部署比原计划提前全面完成。

北斗系统已在公安、交通、渔业、电力、林业、减灾等行业中得到广泛应用，将催生多种“北斗＋”融合应用新模式。电力行业各单位高度关注北斗系统建设与发展，积极开展北斗系统在电力发、输、变、配、用、调等领域的应用探索，已形成多个“电力＋北斗”应用场景。

7.3.2 应用趋势

在数字经济与新基建的发展浪潮中，北斗导航应用代表着工业物联网、边缘计算、云端智能等新型基础设施的建设方向，对政府、企业的高质量发展具有重要意义。2021 年，我国自主知识产权的北斗三号全球组网完成，北斗新时空基准将大大拓宽时空技术应用的深度与广度。国家电网公司从 2010 年开始，就大力推进北斗系统在电力行业的应用，主要包括高精度授时授频、车辆定位导航以及短报文通信。在北斗授时方面，电网控制领域 90％的调度主站自动化系统和 20％的变电站时间同步装备均已接收北斗授时信号，新建和改造调度主站自动化系统及变电站时间同步装置 100％接收北斗授时信号，管理信息领域 100％应用北斗授时信号。

（一）应用一：变电站机器人巡检

基于北斗精准服务网的高精度定位功能，结合激光即时定位与地图构建（SLAM）技术，确保巡检机器人大场景构图能力，提升初始定位及重定位成功率。智能巡检机器人将在变电站实际应用中辅助完成变电设备日常巡视、红外测温、操作前后设备状态检查等工作，提高设备巡视的工作效率和质量，降低运行人员劳动强度和工作风险，提升变电站智能化水平。

北斗系统标定的点位具备高精度空间坐标，为后续与巡检资源的自动关联与自动聚焦提供坐标导航计算依据。基于机器人自身高精度北斗定位特性，系统可自动生成机器人巡检的最佳停靠区域和空间视野参数，实现对巡视点位的自动关联和聚焦，并自动生成机器人可行路网及巡检路线。

（二）应用二：地质灾害监测

以北斗系统为核心的卫星导航系统，结合国网北斗精准服务网，在地质不稳定区的杆塔附近建设监测站，将监测站的卫星观测数据通过 4G 网络通信方式实时发送至监测平台解算，实现对监测站位置实时厘米级、事后毫米级的解算结果，通过监测算法对输电线路地质灾害、变电站地基沉降、后勤建筑楼宇不均匀沉降等异常情况进行预警。

以四川雅安公司为例，在四川±800kV、500kV、220kV 线路中选取地质灾害频发的 17 条线路 41 处地质灾害点加装北斗地灾监测终端。实现实时厘米级高精度解算，对微小沉降及不均匀沉降进行实时监测，一旦发生异常沉降，可以在第一时间采取处理措施，防止严重事故的发生。

（三）应用三：无人机自主巡检

北斗系统助力无人机自主巡检（见图 7 - 2）由带有北斗高精度定位功能的无人机、无人机充电机场以及配套的路径采集、任务规划执行、机场管理软件组成，具有精准路径采集规划，无人机一键巡检，支撑无人机每次重复到达相同的指定位置进行拍摄，无人机实时物联智能管控，协同呼叫、自动起飞巡检，图像智能识别判读，巡检成果管理等功能，实现无人机巡检的自动化与智能化。

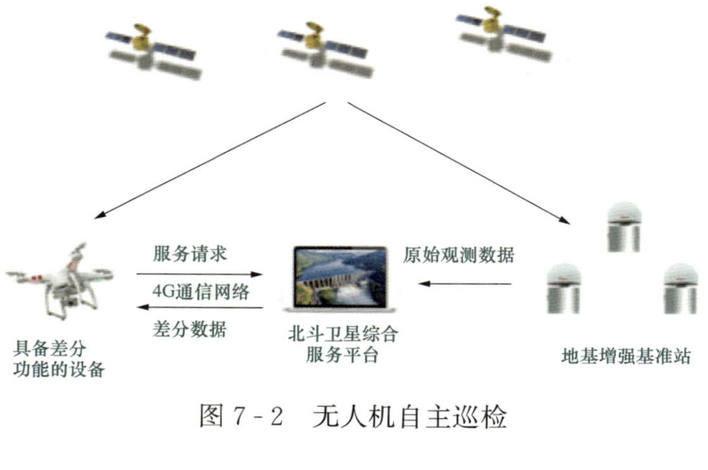

图 7 - 2 无人机自主巡检

运用北斗系统，从前期少数人集中检测缺陷的方式，转变为无人机协同自主巡检，巡检效率由 40～60min 巡检一处基杆塔提升至 5～8min 巡检一处基杆塔，人员配置由 2～4 人降低到 1～2 人；同时，无人机巡检的安全风险成本也大幅降低，还可与输电线路在线监测形成互动，协同巡检。

7.3.3 前景规模

对于北斗卫星通信服务体系而言，其在电网中的应用效益主要体现在通过时间同步降低风险、替代其他定位系统以及在无公网地区降低人工作业成本几个方面：

一是时间同步，北斗通信可以解决电力设施设备时间同步的问题，提高电网运行的安全可靠性，降低由于电网故障带来的电量收益损失。**二是输电线路监测**，在无公网覆盖区，北斗通信可以传输杆塔监测点的位置、微气象、温度、电流、扰动等信息，降低人工巡检成本。**三是用电信息采集**，在无公网地区，电力采集使用人工抄表方式，北斗系统可以复制信息传递，解决智能电表通信问题，降低人工采集成本。**四是定位系统替代**，以往的定位终端设备主要采用 GPS、GLONASS 等系统，相关定位服务运营商如 GSM、INMMSAT、OmniTRACS 的服务价格明显高于北斗系统，利用北斗系统替代传统定位系统将产生定位服务费降低的效益（0.2 万～2.2 万元/户 ）。

综上所述，北斗卫星通信在能源电力领域的应用效益估算方法如下：

$$NPV_R = \sum_{t=1}^{n} (R_1 + R_2 + R_3 + R_4)_t (1 + i)^{-t}$$

式中：NPV_R 为北斗通信技术在能源电力领域的应用效益；R_1、R_2、R_3、R_4 分别为北斗通信带来的时间同步效益、降低监测成本的效益、降低人工采集成本的效益、定位系统替代的效益；i 为基准折现率。

根据中国卫星导航定位协会《2020 中国卫星导航与位置服务产业发展白皮书》显示，2019 年国内各类高精度接收机终端销售约为 20 万台/套，销售收入为 74.8 亿元，折合平均每套北斗高精度终端价格为 3.74 万元。以国家电网公司约 500 万座变电站为基础实现电力北斗基站建设，假设 20%的变电站需要实现北斗基站融合改造，**预计未来电网北斗通信技术投资总规模为 400 亿元**，带来巨大的直接效益及间接效益。

7.4 数字孪生技术在能源电力领域的应用及前景研判

7.4.1 技术发展

数字孪生的概念由格里夫斯教授于 2003 年首次提出，之后在学术界和产业界出现了多种不同定义。从根本上讲，数字孪生是以数字化的形式对某一物理实体过去和目前的行为或流程进行动态呈现，并运用多种方法实现对物理实体模拟、监测、控制、预测、互动和优化的技术，以提升企业管理运营水平和绩效。

2015 年美国国家航空航天局技术发展路线图中，把数字孪生技术列为关键技术之一，自 2017 年以来，高德纳咨询公司连续两年将数字孪生列为当年十大战略技术发展趋势之一。在数字孪生概念不断演进和发展的过程中，主要聚焦在数字孪生建模、物理信息融合和服务应用等领域，重点分析数字孪生和相关产业关系，构建虚拟模型、孪生数据融合分析、服务应用指导等。2020 年之后，数字孪生得到更为广泛的认同，技术发展呈爆发之势，理论技术研究逐步走向工程实践。现阶段，除了航空航天领域，数字孪生还被应用于电力、船舶、城市管理、农业、建筑、制造、石油天然气、健康医疗、环境保护等行业。

数字孪生技术具有可视性、可预测性、可假设性、可解释性、可互动性五大特征。随着数字孪生体的不断进化成熟，数字孪生体将持续递进地展示出这五大特征，现阶段可以通过以上五大特征判断一个数字孪生项目是否成熟。

可视性：允许运营者从数字角度虚拟观察机器及大规模系统的运行状态，从而实现对机器及大规模系统的实时监控和高效管理。

可预测性：利用基于物理/数据的建模技术及传感器技术，实现对机器及大规模系统未来运行状态的预测，从而实现基于状态的运营维护。

可建设性：允许运营者对数据模型输入不同假设条件，以模拟现实中小概率事件发生情况，从而获得某些极端状况下机器及大规模系统的真实反映。

可解释性：允许运营者理解单个机器或群体机器的行为，并从数据模型出发对机器行为作出合理解释。

可交互性：通过连接数据模型和物理实体，一方面实现最优决策指令的下达和执行，另一方面收集物理反馈并更新数据模型和决策指令。

随着数字孪生技术的成熟和实践落地，其发展呈现出以下趋势：

一是增强物理实体与虚拟世界的虚实交互技术。在对物理实体进行呈现的基础上，提升不同模型的互操作能力，依托智能决策叠加反馈控制功能，实现基于数据自执行的全闭环优化。

二是加速与并行控制理论相融合。在数字孪生体深化应用领域结合并行控制理论，形成伴随现实系统的并行建模、并行预测、并行执行数字的并行架构。

三是构建敏捷的人机融合交互系统。数字孪生未来会更系统地引入人的概念，增强人对数字孪生体的感知控制能力，最终在真实物理空间和虚拟数字空间搭建“信息—物理—人”交互系统。

7.4.2 应用趋势

随着“双碳”“构建以新能源为主体的新型电力系统”等目标的提出，具有随机性、间歇性、波动性特征的分布式能源比例将快速增长，储能装置、V2G 等交互式能源设施以及其他多种能源基础设施的建设需求更加迫切，使得电力系统呈现出结构更加复杂、设备更加繁多、技术更加庞杂的趋势。传统机理模型和优化控制方法已经难以满足电力系统规划设计、监测分析和运行优化的要求。

电力数字孪生通过虚实交互激活电网/设备的多源数据，特别是其运行时空大数据，通过数据挖掘提供高维、量化、多层次的视角辅助运营调控相关决策。

从电力行业的特征来看，发、输、变、配、用全流程都有数字孪生技术的应用空间，但目前行业实践主要以发电厂和变电站两大类应用为主。

（一）应用一：数字孪生电厂智能管控

火力发电是目前我国最主要的发电方式。由于火力发电厂需要长时间运行，并且工作环境复杂、温度高、粉尘多，电厂设备易发生故障，因此保障电厂设备健康平稳运行，对保证电力系统的安全可靠及电力的稳定供给具有至关重要的意义。

北京必可测公司开发了基于数字孪生的电厂智能管控系统，如图 7－3 所示，实现了汽轮发电机组轴系可视化智能实时监控、可视化大型转机在线精密诊断、地下管网可视化管理以及可视化三维作业指导等应用服务。依托该系统，可对关键设备进行透视化监测、故障精密远程诊断、可视化管理及员工作业精准模拟等，满足设备的状态监测、远程诊断、运维等各项需求，并实现与用户之间直观的可视化交互。

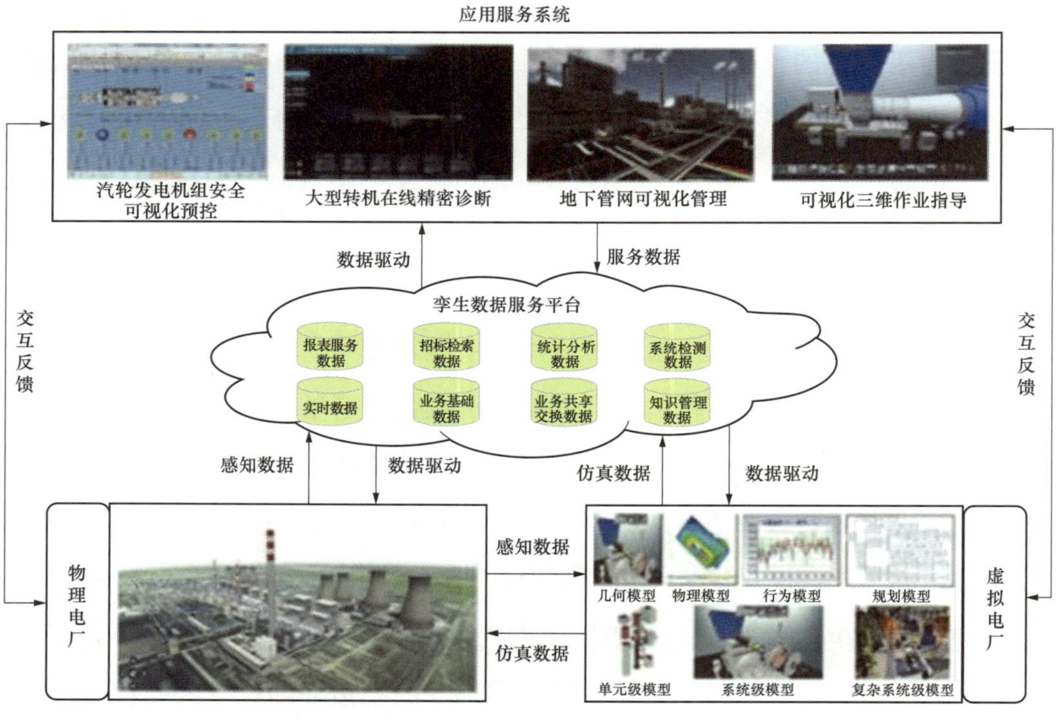

图 7－3　基于数字孪生的电厂智能管控系统

（二）应用二：雄安王家寨数字孪生微电网

《河北雄安新区规划纲要》指出，实现城市智慧化管理，坚持数字城市与现实城市同步规划、同步建设，适度超前布局智能基础设施，打造全球领先的数字城市。电网作为城市的重要组成部分，在雄安建设数字孪生电网是必然趋势。通过构建雄安王家寨数字孪生微电网平台，在源网荷储等元素加持下，通过与数字孪生技术融合，使微网具备自主运行能力，适用于山区、远郊乡村等地区，可解决线径过长造成的线损高、可靠性差等问题，有效提升新能源的就地消纳能力，推动绿色用能。

雄安王家寨数字孪生微电网主要有三层组件：第一层构建数字孪生微电网的感官，在10kV线路、配电变压器、综合配电柜、分支箱、电表箱等位置安装智能化设备，实现微电网环境—机械—电气参量的全监测；第二层构建包含光伏、风机、配网台区、空气源热泵、储能、充电桩等源网荷储全要素微电网骨架，为全要素互动打下物理基础；第三层充分利用物管平台、云平台、数据中台、人工智能平台等现有数字化建设成果，基于人工智能、大数据技术，构建与微电网虚实同态的数字孪生体，实现全景监测、故障诊断、趋势预测以及决策优化。

（三）应用三：数字孪生县域能源互联网协调优化仿真平台

河南兰考是全国农村能源互联网综合示范样板建设县，2021年实现了源、荷、储、桩、油、气等资源数据县域内的全量接入，建成了涵盖能源数据库、能源监测中心、协调优化中心和公共服务中心（“一库三中心”）的兰考能源互联网平台。在能源互联网平台及电力公司数据中台的基础上，兰考县构建了数字孪生县域能源互联网协调优化仿真平台，从分布式能源数字孪生动态聚合建模、数字孪生源荷储调度特性封装建模、数字孪生全局优化调度推演三方面入手，将数字孪生技术与源网荷储协调运行业务进行融合创新。

该仿真平台一方面通过对更大范围内源网荷储等资源进行聚合，形成了一个调控整体，降低分布式电源调度的复杂度和控制对象的数量级；另一方面通过特性等值使其呈现出类似传统电厂的出力稳定性和可调节性，最终以虚拟电厂的形式参与现有电力系统的调度，在县域范围内实现全量分布式电源、储能、可调负荷、电网协调优化运行在聚合、等值、调控等全环节的数字孪生推演，提升源荷储互动水平，提高分布式能源本地消纳能力。

未来，在数字孪生领域的应用一定是跨界的、融合的。随着智慧交通、智慧城市等场景的落地，数字孪生将成为搭建起电力与交通、城市桥梁的关键技术。在城市的数字化建设过程中，在虚拟的数字环境中再映射出电力、交通、城市的物理环境和管理流程活动，通过构建数字孪生体统一平台，实现电力与城市的深入融合与互动。

7.4.3 前景规模

对于能源电力企业而言，数字孪生系统主要应用于孪生电厂智能管控和变电站孪生微电网监测。其在能源电力行业中的应用效益主要有以下几个方面：

一是电厂智能管控成本降低。使用数字孪生系统管控，将增加孪生系统的建设成本，但是替代传统管控系统，将带来人力和设备成本的降低。**二是电厂风险损失降低**。数字孪生系统实现了可视化智能实时监控及在线精密诊断，降低了故障风险，从而带来了损失降低的间接效益。**三是微电网监测成本降低**。变电站孪生微电网监测系统使微网具有自主运行的能力，适用于山区、远郊乡村等地区，降低了人力巡检和在线巡检的频次和成本。**四是综合能源站区域调度成本降低**。数字孪生县域能源互联网协调优化仿真平台，融合数字孪生技术与“源网荷储”协调运行业务，降低了分布式可再生能源调度成本。

因此，数字孪生技术在能源电力领域的应用效益估算方法如下：

$$NPV_M = \sum_{t=1}^{n} (M_1 + M_2 + M_3 + M_4)_t (1+i)^{-t}$$

式中：NPV_M 为数字孪生技术在能源电力领域的应用效益；M_1、M_2、M_3、M_4 分别为数字孪生技术在能源电力企业应用降低电厂管控成本的效益、降低电厂运营风险损失的效益、降低微电网监测成本的效益、降低分布式可再生能源调度的效益；i 为基准折现率。

鉴于电厂及电网企业数字孪生系统建设投资及效益离差较大，且相关投资成本资料保密，因此无法对其在能源电力领域应用的前景规模与效益进行研判。

7.5 融合先进数字技术拓展电力系统功能

（一）电力+5G保障信息传输便捷稳定

5G通信具有大带宽、高可靠、低时延等特点，可有效解决分布式新能源场站分散、点多、量大等问题，充分满足分布式光伏和风电等新能源场站海量信息采集、现场设备监控、远程诊断运维等业务对电力通信网络传输能力的要求。此外，根据电力系统各环节业务对通信通道的差异化需求及服务质量要求，可利用5G电力专属切片，定制化提供不同业务和服务的通信资源。

（二）电力+北斗服务新能源高效并网

充分挖掘和发挥北斗通信技术在电力行业的定位、授时和短报文三大功能应用。定位方面，可服务水电站坝体位移精准监测、助力风电太阳能智能“追风追光”、引导车联网车桩科学有序充放电、支撑高精度无人机智能巡检等工作。授时方面，可完善调度系统时间同步，实现新能源并网的精准控制，尽可能减小高比例新能源接入对电力系统造成的冲击。短报文方面，在偏远无公网信号覆盖的区域，可部署实现对小水电、光伏电站、风电场的实时数据采集与监测，为能源互联网提供数据支撑。

（三）电力+数字孪生助力储能融合创新

探索利用数字孪生技术，构建能源互联网智慧城市，在碳排放监测、减碳方案试验和效果评价、碳中和技术应用推广等工作中发挥好预判和规划作用。同时，电力系统向以新能源为主体转型过程中，充分利用和发展海量分布式储能将是关键手段。但目前大规模分布式储能仍面临着小容量单体差异性成网引起的“短板效应”等技术难题，通过储能虚拟化与数字孪生技术把储能系统转变为软件定义型资源，通过能源互联网实现柔性组合、即连即用，构建分布式储能及其接入配电网的数字孪生技术架构将为解决上述问题提供新的思路和方向。

（四）电力＋人工智能赋能新能源规模消纳

当前人工智能技术在能源电力领域的应用更偏向数据导向。从电源侧看，针对新能源受天气条件影响较大的特点，可基于环境、大气条件、电站地理位置和电网历史运行等数据，整合多种预测模型和算法，对新能源发电情况进行预测，提高预测精度。从用户侧看，考虑到负荷和功率模式通常是外生变量的非线性函数，可利用人工智能技术弥补传统线性模型负荷预测方法存在的不足，提高终端用能“新电气化”后负荷预测的准确度和灵活性。

（五）电力＋区块链支撑综合能源协同可溯

区块链天然具有交易功能和相关信息不可篡改的存证能力，适合应用于存在多方参与、支付互信、凭证存档追溯等需求的业务。在能源交易方面，通过使用区块链技术，可在不依赖第三方中介的情况下进行点对点能源交易，从而更好地调节能源供需，做到更合理地配置能源。在用能方面，区块链技术可提高源网荷储之间的协作效率，打破冷、热、电多种能源之间的数据孤岛，实现综合能源使用效率最大化。

7.6 小结

本章从技术视角入手，结合国家重点战略布局和技术发展最新趋势，选取未来具有良好发展潜力的数字技术，探索其在能源电力行业的应用场景和前景规模，为能源电力企业优化技术布局提供决策参考。通过分析，得到以下结论：

第一，数字技术是能源数字经济体系的核心组成部分，能源电力企业要紧跟数字技术发展趋势。从技术视角，数字技术是能源电力企业数字化转型的支撑动力；从产业视角，数字技术是产业升级的基础工具。数字技术快速迭代，物联网、人工智能、区块链等技术已在能源电力企业中深入应用，成效不断显现，5G、北斗通信、数字孪生技术则刚进入技术应用的突破期，将成为与能源科技融合的热点，预计为我国能源及相关产业带来数千亿元经济效益。

第二，依托数字技术推动能源电力行业基础资源商业化，促进国有资源保值增值。电力行业拥有众多的杆塔、沟道、变电站等基础资源，通过将5G、北斗等通信技术与基础资源集成，形成全新的融合基础设施，共同推动全国5G网络及北斗基础设施建设。电力资源的商业化运营将极大提高现有资源利用率，节省大量资本和土地等社会资源，实现电力、通信基础资源跨行业共建共享、新基建和数字经济深度融合，释放电网基础资源潜力，充分体现电力企业社会责任担当。

第三，相较于新兴技术创新，场景化应用成为能源电力企业关注重点。新兴数字技术的核心价值是场景化下的创新应用，能源电力企业更加聚焦于数字技术在电力系统中的应用，并依托数字技术培育孵化新产业、新业态、新模式。此外，5G、北斗、数字孪生与云计算等融合应用，加速数字技术向终端下沉，算力、算法从云端向边端延伸，能源电力数据应用的便捷性和安全性显著提高，将催生更多新兴的能源电力商业模式。

第四，数字孪生电网将从萌芽期进入快速成长期，成为能源互联网建设的重要支撑技术。现阶段电力系统的各物理子系统之间存在耦合互动，而多个数字化系统之间缺乏“孪生体交互接口”。在能源转型大趋势下，能源互联网中的数字化系统逐渐向数字孪生演进，借助5G、北斗等通信技术，打破系统之间的壁垒，挖掘系统之间数据的关联价值，增强系统之间的交互推演能力，将显著提升能源互联网整体运行效率。数字孪生将成为未来我国能源互联网建设发展的核心驱动和关键支撑。

附录 1　企业数字化转型成熟度评估调查问卷

您好！非常感谢您参加本次调查。本次调查为匿名调查，仅供专业研究分析之用。为了保证调查结果的真实性，请根据您的实际情况和真实感受，在括号中选择相应选项，或在横线上进行填写。衷心感谢您的支持与配合！

1. 请问您更认同以下关于数字化转型的哪一项表述？(　　)（单选）

数字化转型认知

A. 企业推动数字化就是充分利用大云物移智等技术（大数据、云计算、物联网、移动互联网、人工智能）增强企业的数字技术实力

B. 数字化是在计算机诞生之后出现的概念，指将信息转换为 0 或 1 的过程，数字化是信息化的基础

C. 数字化转型是要充分挖掘企业数据资源价值，推动管理精益化、业务敏捷化、服务人性化的发展模式

2. 请问您所在企业的数字化转型战略及实施路径方面最符合以下哪一项表述？(　　)（单选）

数字化转型战略

A. 具有清晰的数字化转型战略和实施路径，有条不紊地开展相关转型

B. 具有清晰的数字化转型战略，初步拟定了实施路径，但仍在探讨完善过程中

C. 提出了数字化转型的理念，但是尚未形成清晰的转型战略及实施路径

D. 既没有明确的数字化转型战略，也没有相关

E. 其他

3. 请问您所在企业关于数字化转型专项资金方面最符合以下哪一项表述？（　　）（单选）

资金投入

A. 有专项预算，已经在相关领域进行投资布局

B. 有专项预算，计划近期在相关领域进行投资

C. 有专项预算，但尚无详细的投资计划

D. 有规划，但尚无专项预算

E. 无任何投资预算

4. 请问您所在企业内外不同生态参与者的合作力度方面最符合以下哪一项表述？（　　）（单选）

生态布局

A. 企业和客户、政府、供应商等合作紧密，构建了基于数据按需共享的共赢型外部生态圈

B. 企业和客户、政府、供应商等合作较为紧密，实现一定程度的数据共享

C. 企业和客户、政府、供应商等合作较为有限，很少的数据共享

D. 企业和客户、政府、供应商等合作少，未实现数据共享

5. 请问您所在企业实施数字化转型的具体组织形式最符合以下哪一项表述？（　　）（单选）

组织架构

A. 设置了跨部门的负责中央统筹协调的专职工作部门或团队

B. 设置了跨部门的负责中央统筹协调的兼职或半兼职工作团队

C. 设置了跨部门的负责中央统筹协调的部分职能工作人员

D. 转型任务交由原本信息化部门开展规划及落地实施

E. 有计划对组织形式进行调整，但未实施

F. 无组织形式相关计划

6. 请问您所在企业在数据质量治理方面最符合以下哪一项表述？（　　）（单选）

企业数据治理成效

A. 数据质量高，能够很好地满足日常数据分析挖掘展示需求，并可以完成一些创新性数据分析挖掘工作

B. 数据质量较好，经过一定的数据预处理，基本能够满足日常运营管理等方面数据分析挖掘展示的需求

C. 数据质量普通，需经过大量的数据预处理工作，才能开展各项运营管理数据分析挖掘展示

D. 数据质量差，很难支撑日常运营管理方面的数据分析挖掘展示

7. 请问您所在企业对采集数据的应用效率最符合以下哪一项表述？（　　）（单选）

数据应用水平

A. 能充分利用所采集的数据开展分析挖掘，改进运营管理，甚至实现业务模式创新

B. 能分析所采集的部分数据，发现一些问题，进行一定程度的业务管理改进

C. 尝试利用所采集的数据，但收效甚微

D. 有意愿利用所采集的数据，但是不知道如何入手

E. 所采集的数据基本处于闲置状态

8. 请问您所在企业日常工作数据共享开放水平最符合以下哪一项表述？（　　）（单选）

数据共享开放水平

A. 企业内外部数据统筹管理，制定了科学的数据共享开放的权限规范，能够便捷地获取业务所需的企业内外部数据

B. 企业内部数据统筹管理，按照一定的数据开放共享权限，能够获取企业内部业务数据

C. 企业内部数据未能实现统筹管理，可以按需获取专业部门内部数据，跨部门数据共享开放存在壁垒

D. 企业内部数据存在较大壁垒，跨专业跨层级数据未能实现有效贯通，数据获取难度大

9. 请问您所在企业利用数字化方式优化客户服务水平的能力最符合以下哪一项表述？（　　）（单选）

基于数字技术提升客户服务水平

A. 多种线上线下客户服务渠道融合、贯通，服务效率高，客户服务体验优质

B. 部分线上线下客户服务渠道融合、贯通，服务效率一般，客户服务体验良好

C. 线上线下客户服务渠道未能实现融合、贯通，服务效率一般，客户服务体验一般

D. 没有线上客户服务渠道，服务效率低，客户服务体验差

10. 请问您所在企业使用数字技术来提高现有产品和服务的性能或附加值的能力最符合以下哪一项表述？（　　）（单选）

基于数据的业务创新

A. 多种数字技术按需融入产品生产全过程或服务提供全流程，极大地提高了产品服务质量，减轻员工工作负担，甚至实现了流程改进和业务创新

B. 数字技术融入产品生产或服务提供的核心环节，改善了产品服务质量，减轻员工部分工作负担

C. 数字技术融入产品生产或服务提供的少数环节，产品服务质量改进有限，未能有效减轻员工工作负担

D. 数字技术融入产品生产或服务提供缺乏统筹，产品服务质量改进有限，甚至增加员工工作负担

E. 数字技术尚未在产品生产或服务提供过程中得到应用

11. 请问您所在企业利用大云物移智等数字技术对日常工作的支撑程度最符合以下哪一项表述？（　　）（单选）

数字技术支撑日常工作

A. 数字技术能够很好地融入日常工作，某些技术应用采用模块化的方式，极大地便利非技术人员的使用，技术应用得到了大部分员工的充分认可

B. 数字技术融入部分工作中，少部分技术应用采用模块化的方式，数字技术应用存在一定的壁垒，技术应用得到少部分员工的认可

C. 尝试将数字技术融入日常工作，但应用的技术壁垒高，不利于员工应用，难以发挥成效

D. 数字技术的应用大部分处于研发阶段，尚未容日到在日常工作中

E. 未能在日常工作中应用数字技术

12. 请问您所在企业核心业务流程的在线化率最符合以下哪一项表述？（　　）（单选）

数字化下的流程优化

A. 企业核心业务流程实现全部线上，跨专业、跨层级衔接畅通

B. 企业核心业务流程实现部分线上，跨专业、跨层级流程需要依靠线下人工

C. 企业核心业务流程线上线下同时开展，跨专业、跨层级衔接受到线下流程制约

D. 企业核心业务流程主要依靠线下开展，线上仅发挥记录作用，跨专业、跨层级业务处理慢

E. 企业核心业务流程未实现线上开展

13. 请问您所在企业数字化转型下的人才培养机制最符合以下哪一项表述？（　　）（单选）

人才培养

A. 全面制订了适应不同层级员工实际需求的数字化人才培养计划

B. 针对部分工作实际相关人群，制订了相应的数字化人才培养计划

C. 当前正在制订相应的数字化人才培养计划

D. 有计划制订数字化人才培养计划，但尚未启动

E. 无相关计划

14. 请问您所在企业数字化转型方面的文化转变最符合以下哪一项表述？（　　）（单选）

文化建设

A. 企业内各层级都形成了“数据四用”的氛围，数据及其分析应用融入员工日常工作中

B. 企业内大部分员工都形成了“数据四用”的理念，数据及其分析应用融入员工日常工作中

C. 企业内仅相关数据分析业务人员形成了“数据四用”的理念，日常工作数据分析应用有限

D. 企业未形成“数据四用”的氛围，日常工作数据分析应用极少

15. 请问您所在企业数据采集的自动化水平最符合以下哪一项表述？（　　）（单选）

数字技术在数据采集中的应用

A. 80％以上的业务数据能够及时准确地依靠各类传感器或者手持终端采集

B. 60％～80％的业务数据能够及时准确地依靠各类传感器或者手持终端采集

C. 40％～60％的业务数据能够及时准确地依靠各类传感器或者手持终端采集

D. 20％～40％的业务数据能够及时准确地依靠各类传感器或者手持终端采集

E. 20％以下的业务数据能够及时准确地依靠各类传感器或者手持终端采集

16. 请问您所在企业的数据分析结果是由（　　）产生？（单选）

数字技术的可用性及成效

A. 由软件直接分析产生

B. 由软件辅助产生初步结果，专业人员进一步优化

C. 部分由软件直接分析产生，部分由软件辅助产生初步结果，专业人员进一步优化

D. 部分由软件辅助产生初步结果，专业人员进一步优化，部分由专业人员直接分析产生

E. 部分由软件直接分析产生，部分由专业人员直接分析产生

F. 由专业人员直接分析产生

G. 其他________

17. 请问您所在企业在网络信息安全方面的情况最符合以下哪一项表述？（　　）（单选）

信息安全

A. 具有完善的分级管理网络信息安全防护体系（如纵深防御），能在确保安全的同时满足业务灵活性的需求

B. 具有完备的网络信息安全防护体系（如纵深防御），但是难以满足业务灵活性的需求

C. 拥有相对标准的网络信息安全规范与相应的技术解决方案

D. 能通过一定的技术解决方案，基本保证运营管理网络信息安全

E. 能通过一定的单体技术手段，解决运营管理局部的网络信息安全问题

F. 没有任何管控手段

18. 请问您所在企业利用数字技术建设应急管理机制方面的情况最符合以下哪一项表述？（　　）（单选）

应急管理

A. 充分利用数字技术监测设备运行状态和预测未来运行趋势，已经建立

了完备实时的应急管理机制

B. 利用数字技术监测设备运行状态和预测未来运行趋势，初步建立了可运行的应急管理机制

C. 仅利用数字技术监测设备运行状态，建立了针对设备的应急管理机制

D. 未利用数字技术，基于人工观察和经验建立了应急管理机制

E. 未建立应急管理机制

19. 请问您认为企业目前面临的数字化转型最大的痛点是哪项？（　　）（请选择最适合的三项）

A. 技术不足

B. 人才缺乏

C. 数据质量不高

D. 创新激励机制缺失

E. 数据应用的思维文化缺失

F. 考核机制不合理

G. 组织机构不合理

H. 领导层缺乏重视

I. 其他

20. 请问您认为企业数字化转型的紧迫性分值是多少？________（0 分表示不紧迫，10 分表示非常紧迫，0～10 分之间紧迫性依次递增）

21. 请想象一个以数据驱动、应用数字技术（改造生产运营流程与人才参与方式等方面，以推动产生新商业模式）转型的理想企业，您认为企业距离它还有多远？________分。（0 分表示非常远，10 分表示非常近，0～10 分距离依次递减）

附录 2 国内外数字化转型大事记

一、国内数字化转型大事记

2020 年 12 月 22 日

工业和信息化部印发《工业互联网创新发展行动计划（2021—2023 年）》

行动计划结合当前产业发展实际和技术产业演进趋势，确立了未来三年我国工业互联网发展目标。到 2023 年，新型基础设施进一步完善，融合应用成效进一步彰显，技术创新能力进一步提升，产业发展生态进一步健全，安全保障能力进一步增强。工业互联网新型基础设施建设量质并进，新模式、新业态大范围推广，产业综合实力显著提升。行动计划提出了五方面、11 项重点行动和 10 大重点工程，着力解决工业互联网发展中的深层次难点、痛点问题，推动产业数字化，带动数字产业化。

2021 年 1 月 27 日

国家工业信息安全发展研究中心正式发布《2020—2021 年度数字经济形势分析》

报告指出，我国作为全球数字经济第二大国，有望实现增速领跑。分领域看，一是算力基础设施对经济社会发展的支撑作用不断扩大，二是数据交易在“区块链＋隐私计算”等新技术推动下将会实现破局，三是政府、企业、个人的数字化意识和技能水平都将极大提升，四是数字消费不断提质扩容增强经济发展的新动能，五是线上线下融合发展推动工作生活方式加速变革，六是电子商务在竞争合作中步入高速发展的新阶段，七是部分数字治理规则将达成具体规范性监管框架，数字经济安全发展也将得到进一步巩固提升。

2021 年 3 月 10 日

国资委发布 2020 年国有企业数字化转型 100 个典型案例

国资委共遴选出 8 类 100 个典型案例，包括产品和服务创新、生产运营智能化、数字化营销服务、数字生态等方面，能源行业案例最多。按企业看，国家电网公司入选案例数量最多，共 8 项（优秀案例 5 项，典型案例 3 项），其中数字生态方面入选 2 项优秀案例。相关成果由国家电网公司互联网部、发展部、营销部、财务部、设备部等部门提供，国网能源研究院参与支撑“新能源云”“大数据管理应用”“电 E 金服”等多项成果研究。3 月 19 日，国资委表示将组织实施国有企业数字化转型专项行动计划，打造行业转型样板。

2021 年 3 月 31 日

北京国际大数据交易所成立

为推动数据要素市场化配置和数字经济高质量发展，北京金控集团成立北京国际大数据交易所，北京数据交易系统上线，发布《北京数据交易服务指南》说明数据交易服务细则，突出“一新三特色”的数据服务，并联合 48 家单位共同发起成立北京国际数据交易联盟，探索破解数据交易难题。

2021 年 4 月 25 日

工业和信息化部发布《中国数据要素市场发展报告（2020—2021）》

报告指出，2020 年数据要素市场规模达到 545 亿元，包含数据要素市场产业链的数据采集、存储、加工、流通、分析和生态保障六个环节。正在探索数据要素市场定价机制、收益分配机制及政企合作机制，产业生态初见雏形。目前数据权属界定、安全风险、数据流通交易机制和数据监管法律法规都有待补缺完善。报告建议：一是重塑数据价值流动规则，二是扩大公共数据开放程度，三是促进数据要素交易流通，四是提升数据安全保障能力。

2021 年 5 月 7 日

工业和信息化部发布《数字税的概念详解、全球进展和有关影响》报告

报告指出，数字税目前由欧盟向互联网企业的跨国业务征收，主要解决数字信息服务的漏税问题。欧盟作为数字税的主要提倡者，由于其内部缺少全球领先的数字平台企业，为捍卫本土市场，需要积极加强数字平台监管，解决大量税收流失的问题；欧盟数字税提案、OECD“双支柱”计划、联合国“双边税收协定范本”是当前全球数字税最主要的单边、多边、双边规则。

2021 年 5 月 15 日

南方电网公司发布《南方电网公司建设新型电力系统行动方案（2021—2030 年）白皮书》

白皮书提出新型电力系统的主要特征体现在数字赋能、柔性开放和绿色高效三个方面。为统筹保障新能源与电力保障、电力安全和电能供应经济性，南方电网公司提出以数字电网推进新型电力系统建设的主要举措。一是加快建设数字电网，构建开放共享、合作共赢的能源生态系统；二是全力保障新能源充分消纳，推动构建多元能源供给体系；三是加快构建坚强主网架和柔性配网，促进能源优化配置；四是以数字技术助推能源消费革命，推动绿色生产生活方式广泛形成；五是大力实施创新驱动战略，增强构建新型电力系统的科技支撑力和产业带动力。

2021 年 6 月 11 日

国家能源局关于印发《能源领域 5G 应用实施方案》的通知

为积极推进能源领域 5G 应用，国家发展改革委、国家能源局、中央网信办、工业和信息化部联合编制了《能源领域 5G 应用实施方案》。方案指出，5G 是支撑能源转型的重要战略资源和新型基础设施，明确了能源领域 5G 应用的主要任务，包括：一是进一步拓展智能电厂、智能电网、智能煤矿等能源领域 5G 应用场景；二是加快能源领域 5G 专用技术研发；三是加大相关基础设施和安全保障能力建设。其中，“智能电网＋5G”典型应用场景包括基于 5G 网络的输变配电运行监视、配网保护与控制、新能源及储能并网、协同调度及稳定控制、应急现场自组网综合应用等。

2021 年 8 月 3 日

北京市印发《北京市关于加快建设全球数字经济标杆城市的实施方案》

中共北京市委办公厅　北京市人民政府办公厅印发《北京市关于加快建设全球数字经济标杆城市的实施方案》。该方案提出，北京市将打造引领全球数字经济发展的“六个高地”的总体目标，即城市数字智能转型示范高地、国际数据要素配置枢纽高地、新兴数字产业孵化引领高地、全球数字技术创新策源高地、数字治理中国方案服务高地、数字经济对外合作开放高地，以及三个阶段性目标和“八方面举措”。

二、国外数字化转型大事记

2021 年 2 月

英国财政部发布《英国政府：打造公众信赖的数字化税收管理系统》报告

报告表明，英国政府将启动一项长达 10 年的数字化税收管理系统改革战略。报告指出，数字化税收管理系统的核心是拥有实时获取和处理涉税信息的能力。政府拥有实时获取和处理涉税信息的能力，就可以实时评估企业和个人参与经济活动情况；政府还可以根据企业和个人纳税人纳税义务和资金情况，实时帮助企业制订税款缴纳计划，让纳税人轻松、及时缴纳税款。在企业和个人遭遇突发事件时，政府可以基于涉税数据迅速启动精准纾困计划，增强经济社会抵御风险的能力。现代化的税收数字基础设施将具有易于操作、公开透明、种类齐全等特点，任何一个纳税人遭遇办税困难，税务部门都能快速施以援手。

2021 年 3 月

欧盟委员会发布《2030 数字指南针：数字十年的欧洲之路》

欧盟数字时代愿景的落地将从数字技能、数字基建、数字商业与数字公共服务四方面展开。文件强调需要为更广泛的人群和专业人士提供数字技能，在数字时代构建更富弹性的社会。文件所涉及的主题还包括建设安全可靠的数字基础架构、公共服务的数字化和商业部门的数字化转型。此外，该文件提出了“数字公民身份”的概念，阐明了应纳入数字技术、商品和服务中的基本权利和原则。

西班牙通过该国首个气候变化与能源转型法案，以期到 2050 年实现碳中和

这项法案包括了未来 10 年西班牙在应对气候变化方面的中期目标和具体实施措施，其主要目标是让西班牙大幅减少温室气体排放，开启经济全面转型，以期到 2050 年实现碳中和，为达到《巴黎协定》所定目标做出贡献。

2021 年 6 月

瑞士央行和法国央行试行欧洲首个跨境央行数字货币支付服务

瑞士瑞银、瑞士信贷、法国外贸银行（Natixis）、瑞士证券交易所运营商 Six Digital Exchange、金融科技公司 R3，以及国际清算银行（BIS）创新中心共同参与，通过“同步交收”结算机制，将欧元批发 CBDC 与瑞士法郎批发 CBDC 进行兑换。这些交易将在位于法国和瑞士的银行之间进行结算。

2021 年 8 月

德国联邦政府全面推动汽车行业的电动化和数字化转型

德国联邦政府计划 9 月大选前启动计划中的汽车行业“未来基金”，并提供 10 亿欧元。其中，3.4 亿欧元将用于区域“转型网络”，3.4 亿欧元用于推进数字解决方案，大约 3.2 亿欧元用于支持中型公司，其中包括转换电力驱动和燃料电池的生产，以及员工的进一步培训等。

参 考 文 献

[1] 尹金，张原．企业数字化转型路径及实践 [J]. 中外企业家，2020.

[2] 华为．多域协同使能行业数字化转型白皮书 [R]. 2021.

[3] 于灏，陈睿欣，王玓．数字化转型背景下电网企业软实力建设策略研究 [J]. 中国电力企业管理，2020，609 (24)：15 - 16.

[4] 汤志伟，李金兆．中国地方政府互联网服务能力发展报告 (2018) [R]. 2018 (06)：62.

[5] 陆洋，王超贤．数字化转型量化评估研究的比较分析与最新进展 [J]. 科技进步与对策，2021，38 (09)：152 - 160.

[6] 师丽娟，马冬妍，高欣东．企业数字化转型路径分析与现状评估——以某区工业企业数字化转型为例 [J]. 制造业自动化，2020，42 (07)：157 - 161.

[7] 章穗，张梅，迟国泰．基于熵权法的科学技术评价模型及其实证研究 [J]. 管理学报，2010，7 (01)：34 - 42.

[8] 王核成，王思惟，刘人怀．企业数字化成熟度模型研究 [J/OL]. 管理评论：1 - 10 [2021 - 09 - 07]. https：//doi. org/10. 14120/j. cnki. cn11 - 5057/f. 20 210210. 005.

[9] 赵懿宁．我国企业数字化转型发展成效评价指标体系及实证研究 [C]. 2020 中国信息通信大会 (CICC 2020)，2020：4.

[10] 吴昊，朱自伟．基于熵权 - 层次分析法综合指标的电网关键线路辨识 [J]. 中国电力，2020，53 (05)：39 - 47，55.

[11] 章燕华，王力平．国外政府数字化转型战略研究及启示 [J]. 电子政务，2020，11：14 - 22.

[12] 刘淑春，闫津臣，张思雪，林汉川．企业管理数字化变革能提升投入产出效率吗? [J]. 管理世界，2021，37 (05)：13，170 - 190.

[13] 应晓妮，吴有红，徐文舸，何淑华．政策评估方法选择和指标体系构建 [J]. 宏观经

济管理，2021，4：40-47.

[14] 田军．政府应急管理能力成熟度评估研究 [J]. 技术与创新管理，2021，42(04)：360.

[15] S C，D S，Z M T，etc. Maturity model for determining digitalization levels within different product lifecycle phases [J]. Production Engineering，2021，15：431-450.